亡走在西伯利亞

偉大的靈魂徐徐而來

十二月黨人流放邊地、白軍殘部向死求生

———— 俄羅斯百年記憶猶見，民族苦難的記憶未曾走遠 ————

吳玫——著　　孔燕——攝

作曲家遍尋不著的故居；喀山聖母大教堂的穹頂；
貝加爾湖冰封的漫漫征途；聖彼得堡劇院廣場的幾般浮沉；

屬於這個民族音樂中的狂野與柔情、
流淌在血液中苦難的印記

沒有因為凍餒而妥協，也必不會在化冰的暖風中消融

目錄

序言

　　我認識吳玫老師已經有 10 幾年的時間了。吳玫老師的正式職位是報社的編輯兼管理者。我知道吳玫老師畢業於師範院校，但我並不確定她是否當過老師。不過，從認識她的那一天開始，一直到今天，我一直稱她為「老師」。

　　這絕非出於客套，而是有理由的。

　　吳老師曾經多次向我邀稿，我當然敬謹奉命，為她主編的報刊寫過長長短短大概幾十篇文章。這就讓我有很多機會，領受吳老師嚴謹的編輯工作和扎實的文字底工。我們經常會為文中的幾個字爭執得不可開交，不過，最後的結果總是令我們都很滿意。所以，她是我文字方面的老師。

　　恐怕不僅僅是由於職業的關係，我想主要還是因為吳老師本身就是一位優秀的母親，她對如何教育孩子以及當下的教育問題，確實有真知灼見。我經常就犬子的教育問題，向她請教。吳老師不以為麻煩，每次都曉以

Preface

大義、黃鐘雷鳴，讓我感念，更令我欽佩。所以，她也是我教育方面的老師。

稱呼她為「老師」的理由很多，我還可以列舉下去。

往來時間久了，我也早已自居吳老師的好友之列，自以為對她相當了解。但是，近幾年來，我的這份自信卻日見動搖。我發現，在吳老師文靜雅致的外表背後，自有某種隱密的底蘊，極深極厚，如果沒有長時間的蓄積，實在是難臻於此。吳老師的人文藝術素養，我多少有所領略。即便如此，我還是為之驚奇讚嘆。我想，吳老師的朋友們，都會有類似的感覺吧！

或許是其子已學有所成的緣故，吳老師蓄積有年的底蘊還是顯露出來了。彷彿是一夜之間，她忽然開始發表大量的音樂評論。說「評論」或許未必恰當。那些傳播於友朋之間的音樂美文，是她聆聽欣賞西方古典音樂的感受與領悟，像極了閱讀文學經典之後自筆下流出的「讀後感」。她的聆聽和閱讀交融無間，自然別有意味。

吳老師是很安靜的，現在又彷彿一夜之間，忽然開始全世界旅遊了。說「旅遊」肯定不恰當，因為她怎麼會是一名過客般的遊客呢？吳老師依然是在閱讀。她用行走的腳步、移動的眼光，用似雲朵掠過天際的悠悠心情，在進行自己的閱讀。「行萬里路，讀萬卷書」是熟語

了，好像也並不足以描摹吳老師的閱讀。

眼前的這本書，就是吳老師閱讀俄羅斯的遊記文字，卻並不是一般的遊記。我相信，讀過這些文字的人，都會心生別樣的歡喜。

我和吳老師是同齡人。說得平凡簡單點，是「上有老、下有小」的 1960 年代後期；說得聳人聽聞點，就是「上氣不接下氣，中間幾乎斷氣」的 1960 年代後期。其實，對我們這代人來說，俄羅斯的文學和藝術是有特別意義的：我們出生在貧瘠甚至蠻荒的年代，那是我們珍貴無比、幾乎是唯一的資源和養分。如果順便說到音樂，那就是我在偶然聽到〈貝加爾湖畔〉時，會傷感，幾近落淚的原因。這種淒涼蒼白的無奈美感，是我們這代人共同記憶的回聲嗎？

如果大家有興趣了解一下「既為人子女、又為人父母」的我們這代人，願意感受一下我們「氣短」的痛苦和「斷氣」的憂懼，那麼，請讀讀吳老師的這本書吧！

我感謝吳玫老師的文字，更感謝讀者諸君的閱讀。

錢文忠

史特拉汶斯基，以毀滅為樂？

相較於同時期俄羅斯流亡海外的作曲家，史特拉汶斯基[1]可能有著更高的知名度。有此猜測，是因為一部名為《香奈兒的祕密》（*Coco Chanel & Igor Stravinsky*）的電影。可可·香奈兒[2]，她的香水、她的時裝、她的包包……凡是印有兩個大半圓交疊在一起的知名商標物，都是此間女性熱衷擁有的。既然這部電影將香奈兒的芳名放入到片名中，豈有票房不高的道理？

史特拉汶斯基

2010 年 5 月，美國費城交響樂團在著名指揮家夏爾·杜特華[3]的率領下去到上海。那時，我喜歡古典音樂時間不久，很多相關知識還半生不熟，比如，與之同時代的普羅高菲夫[4]的名字我還唸不流暢，但我知

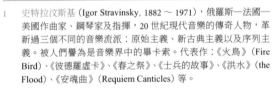

1 史特拉汶斯基（Igor Stravinsky，1882 ～ 1971），俄羅斯—法國—美國作曲家、鋼琴家及指揮，20 世紀現代音樂的傳奇人物，革新過三個不同的音樂流派：原始主義、新古典主義以及序列主義。被人們譽為是音樂界中的畢卡索。代表作：《火鳥》（Fire Bird）、《彼德羅盧卡》、《春之祭》、《士兵的故事》、《洪水》（the Flood）、《安魂曲》（Requiem Canticles）等。

2 可可·香奈兒（Gabrielle Bonheur "Coco" Chanel, 1883 ～ 1971），法國先鋒時裝設計師，著名法國女性時裝店香奈兒（Chanel）品牌的創始人。

3 夏爾·杜特華（Charles Dutoit, 1936 ～ ），瑞士指揮家。

4 謝爾蓋·普羅高菲夫（Sergei Prokofiev, 1891 ～ 1953），蘇聯作曲家。他曾被授予「史達林獎」，死後被追授「列寧獎」。普羅高菲夫自稱其作品是四條基準線合作的結果。古典線一方面來自於他對歷史元素，如古舞蹈的懷緬，另一方面則是他對傳統的繼承。但這種新古典主義的作品只有一部，就是他的《古典交響曲》。而現代線則彰顯他對大膽的和聲，不和諧音和新穎和絃組合的偏好。這些作品已到達調性的底線。第三條線被普羅

道史特拉汶斯基。正因為知道，當演出方給出演出
曲目時，我不禁嘀咕：《火鳥》和《春之祭》，我能
融入這兩部古典音樂的先鋒作品中嗎？ 2010 年，我
身為古典音樂愛好者的身分亟需被驗證，而驗證辦
法之一就是狂追現場。躋身世界十大交響樂團的費
城交響樂團來了，我豈有不追之理？所以，我還是
去了。

　　俄羅斯能夠在古典音樂上與德、奧分庭抗禮，
是一個值得永久議論下去的話題。但兩大陣營作曲
家的作品有明確的分割線，卻是不爭的事實。俄
羅斯作曲家的作品更講究旋律，而德、奧則擅長哲
思。不過，這種狀況到了伊果・史特拉汶斯基橫空
出世之後，似乎有所改變。

　　史特拉汶斯基出生在聖彼得堡附近的奧拉寧
堡[5]，1962 年 9 月底～ 10 月，史特拉汶斯基在闊別
祖國半個世紀以後回家，特意去到已經改名為羅蒙
諾索夫的奧拉寧堡，試圖尋找自己曾經住過的屋
子，可是，當年他在奧拉寧堡居停的時間太短，已
經記不得自己曾經疾跑或逗留過哪條街、哪間屋
子。不過，那次回歸的旅程中，當他看見自己的父

高菲夫稱為動力線。他的很多作品有著緊湊的節奏和粗獷的旋律。

5　奧拉寧堡（Oranienbaum），俄羅斯聖彼得堡的一個城市，位於市中心以西。
　　北臨芬蘭灣。1948 年後改為羅蒙諾索夫以紀念俄羅斯科學家米哈伊爾・羅蒙
　　諾索夫。

親身著演出服的一張照片時，真是感慨萬千。史特拉汶斯基的父親是帝國歌劇院的男低音歌唱家，這個久於藝術劇院來回穿梭的男人深知，要在這個行業裡賺到能讓家人體面生活的銀兩，乃至榮譽，過於艱難。所以，他堅決反對兒子學習音樂。他送兒子去學法律，卻無法對兒子的音樂天賦視而不見，又將兒子引薦給俄國五人組中的林姆斯基 —— 高沙可夫[6]。這猶如將兒子的天賦添加催化劑，1908年，史特拉汶斯基[7]兒子的第一部音樂作品、管弦樂《煙火》（Fireworks）問世。自此，在史特拉汶斯基的家裡，歌唱家退到背景裡，作曲家伊果·史特拉汶斯基成為一家之主。

20 世紀，俄羅斯進入激烈動盪的時期，這種動盪帶給史特拉汶斯基強烈的不安全感，他決定率領全家離開俄羅斯，那年是 1910 年，史特拉汶斯基28 歲。

一路顛簸，一家人總算是在瑞士安居下來，可是，吃喝等費用都需要他這個家長籌謀，史特拉汶斯基太太凱薩琳身體非常糟糕，根本無力替史特拉汶斯基分憂，史特拉汶斯基只好經常出入巴黎，與

6　林姆斯基—高沙可夫（Nikolai Rimsky-Korsakov, 1844 ～ 1908），俄羅斯作曲家、音樂教育家。他和鮑羅定、穆索斯基、巴拉基列夫和居伊並稱「俄國五人組」。

7　史特拉汶斯基（Fyodor Stravinsky, 1843 ～ 1902），俄羅斯歌唱家、歌劇演員，作曲家史特拉汶斯基的父親。

史特拉汶斯基父親之墓，聖彼得堡季赫溫公墓

達基列夫[8]洽談採用其作品的事宜。

達基列夫

達基列夫，這個名重一時的俄羅斯舞團掌門人，掌控著芭蕾舞巨星尼金斯基[9]，也決定著尼金斯基的新作品採用哪位作曲家的作品。那時，被達基列夫玩弄於股掌之中的俄羅斯作曲家有三位：普羅高菲夫、史特拉汶斯基和杜肯爾斯基。普羅高菲夫和史特拉汶斯基在西歐的知名度居伯仲之間，同行必然相輕，這就給了達基列夫演戲的舞臺。在普羅高菲夫面前耳語：史特拉汶斯基才是第一。又在史特拉汶斯基面前悄聲道：你是第二，普羅高菲夫才是第一。達基列夫的伎倆，除了加深兩位俄羅斯作曲家之間的隔閡外，還讓他們努力的拿出新作品。

王子在森林裡抓到一隻神奇的火鳥，牠會說話。火鳥懇求王子放了牠，而牠將送給王子一根會發光的羽毛當作報答。被囚禁於城堡的公主們到樹林裡散步，王子

尼金斯基

8　達基列夫（Sergei Diaghilev, 1872 ～ 1929），俄國藝術評論家、贊助人，以創立俄羅斯芭蕾舞團而知名。

9　瓦司拉夫‧尼金斯基（Vatslav Nijinsky, 1890 ～ 1950），波蘭裔俄羅斯芭蕾舞者、編舞家，以非凡的舞蹈技巧及對角色刻劃的深度而聞名。他是當時少數會足尖舞的男性舞者，擁有彷彿可擺脫地心引力束縛的舞姿，使其成為傳奇。

與她們之中最美麗的那位一見鍾情，卻無法跟她牽手，因為，公主們必須待在魔鬼的城堡裡苦度時日。王子決心潛入城堡救出心愛的公主，終因勢單力薄，被魔鬼抓住。無法動彈的王子突然想起火鳥贈與的發光羽毛，就拿出羽毛召來火鳥。在火鳥的幫助下，王子找到了藏有魔鬼靈魂的巨蛋。正打算砸碎巨蛋，魔鬼聞訊趕來，與王子展開了激烈的爭鬥。打鬥中，在火鳥的幫助下，王子打碎了巨蛋，魔鬼死了，王子與那位美麗的公主幸福地生活在一起 ── 一個俄羅斯民間故事。達基列夫打算把《火鳥》改編成芭蕾舞劇，他將寫作芭蕾舞音樂一事交給了史特拉汶斯基。

很快的，《火鳥》的總譜就被送到達基列夫的手上，並迅即以芭蕾舞音樂的形式被達基列夫的舞團推上西歐舞臺。後來，人們將《火鳥》與柴可夫斯基的白鳥（《天鵝湖》）並稱為芭蕾舞舞臺上的兩隻不死鳥，也像對待《天鵝湖》那樣，將《火鳥》作為獨立的交響樂作品演奏。2010 年 5 月，夏爾・杜特華率領費城交響樂團到上海演奏史特拉汶斯基的作品時，也許設想到，此地樂迷的耳朵被古典時期、浪漫時期的作品「餵養」得過於纖弱，而特意將《火鳥》處理得柔美一些，於是，那些優美的旋律片段就顯得格外好聽。但我正想在其間陶醉一會

兒時，不和諧之音如同斜出的樹杈，刺得我耳膜發痛 —— 我們用了 100 年的時間都未能消化史特拉汶斯基試圖毀壞音樂和諧之美的創新。

史特拉汶斯基無法穿越到今天跟我們辯駁他的《火鳥》好或不好。其實，在《火鳥》誕生的那一刻起，他就不在乎好或不好的評價，他只在意，他的作品是否獨一無二。然而，人們都說，《火鳥》裡有他的老師林姆斯基 —— 高沙可夫的影子，這讓他很鬱悶。

落寞之際，史特拉汶斯基有沒有思念起故鄉？那時叫奧拉寧堡，這座隔著芬蘭灣、與聖彼得堡遙相呼應的小城。當年，彼得大帝下令建造聖彼得堡的時候，將奧拉寧堡送給他的寵臣、聖彼得堡第一任總督 —— 緬什科夫。從 1711 年開始，貴族們在這片土地上修建起一座座宮殿，時光流逝、朝代更迭，但那些跟山川河流一樣堅固的建築，卻永久地留存在小城裡，與小城的綠樹紅花相映成趣。奧拉寧堡，一個安靜、沉靜的小城，卻給出生在這裡的史特拉汶斯基一顆無比躁動的心。雖然，我們無從知道《火鳥》之後的史特拉汶斯基是否想念過故鄉，但是，《火鳥》之後又一部重要的作品，史特拉汶斯基再一次採用了祖國的古老傳說。「我像見到了一場莊嚴的偶像崇拜儀式，年老的智者們圍成圈

席地而坐，眼看一名少女舞蹈直到死亡，他們要把她當作春神的祭品。」這是史特拉汶斯基對完成於1913年《春之祭》的自述。加上尼金斯基為此曲編排的舞蹈過於驚世駭俗，《春之祭》的上演在1913年5月的巴黎成為一個話題，支持者和反對者各執一詞，爭吵一直從劇院延伸到大街上，倒也嚇壞了事件的始作俑者史特拉汶斯基。逃離現場之後，這位以毀滅為樂的作曲家開始思考，《春之祭》的風格是不是應該揚棄？不過，沒過多久，對《春之祭》的評價就呈一面倒之勢。人們說，初聽《春之祭》感覺史特拉汶斯基是一個見不得美好事物的毀滅者，讓人難以接受。但聽多了會覺得，史特拉汶斯基的這部作品雖凌厲又不和諧，但當我們的心情因為生活艱難而產生落差時，卻能透過聆聽這部作品得到心靈的契合。

《春之祭》奠定了史特拉汶斯基在國際樂壇的地位，如果沒有接踵而至的世態變故，也許，史特拉汶斯基會沿著《春之祭》這種風格，將音樂之路走下去。然而，十月革命之後，他在奧拉寧堡的家產被沒收了。在瑞士的那些年裡，幫達基列夫的舞團寫作的收入，和奧拉寧堡家產的貼補，讓他可以順性醉心於音樂、縱情於創作。但一夜之間，家產盡失，而他的另一半經濟來源 —— 達基列夫舞團，

也破產了。史特拉汶斯基一家失去了生活來源，這讓家長史特拉汶斯基驚恐莫名。日子過得捉襟見肘的史特拉汶斯基只好低下狂傲的頭顱以求資助，就是在這個時候，他攜妻子凱薩琳和 4 個孩子住進了時尚女王可可‧香奈兒的宅邸。

《春之祭》組曲 CD 封面

　　香奈兒的擁護者會怎麼評價《香奈兒的祕密》自不待言。只是史特拉汶斯基的樂迷們憤怒了，那個寫出《春之祭》的作曲家，本應是個有血性的男

可可・香奈兒

子漢，怎麼會一拜倒在時尚女王的石榴裙下，就變得少言寡語、唯唯諾諾了？這才是史特拉汶斯基真正的樂迷，他們只關心《火鳥》和《春之祭》，從來不打聽音樂之外的作曲家是一個怎樣的人！音樂之外，史特拉汶斯基身上有一種討人喜歡的世故，在任何情境下都能將自己安放得妥善得體。家鄉的財產被新政權沒收，達基列夫的舞團也已倒閉，史特拉汶斯基遇到真正迫在眉睫的難題是：如何讓自己和家人生活下去，且生活得好一點。可可・香奈兒願意給他這個方便，甚至還許諾資助樂團再度排練《春之祭》，史特拉汶斯基豈有不低眉之理？凱薩琳也懂得丈夫的左支右絀，你看她，看著丈夫與可可在真假之間眉來眼去，唯一的抵抗也只是借阿赫瑪托娃[10]的詩來表現一下俄羅斯人的耿直。

既保留著俄羅斯人的耿直，又長袖善舞，無論流亡在巴黎，還是避難在美國，史特拉汶斯基始終有一群高端的藝術家朋

10　阿赫瑪托娃（Anna Akhmatova, 1889～1966），本名安娜・安德烈耶芙娜・戈連科（Anna Andreyevna Gorenko），俄羅斯「白銀時代（Silver Age）」的代表性詩人。她曾被譽為「俄羅斯詩歌的月亮」（普希金（A. S. Pushkin）曾被譽為「俄羅斯詩歌的太陽」）。代表作：《黃昏》、《白色的群鳥》、《安魂曲》等。

友，畢卡索[11]、湯瑪斯・曼[12]、紀德[13]、奧登[14]……
畫家、作家、詩人，西班牙人、德國人、法國人、
英國人……在西歐藝術圈子裡遊刃有餘的史特拉汶
斯基，當然不能理解同胞、同行普羅高菲夫身處異
鄉時的不自在。於是，當普羅高菲夫決定臣服於紅
色政權回到蘇聯時，史特拉汶斯基喜歡撕毀有形對
象和無形德行的缺點再度爆發，冷酷無情地貶損了
普羅高菲夫的回國之舉。回國後的普羅高菲夫少有
佳作問世，而漂泊四方的史特拉汶斯基卻是新作不
斷，歌劇《浪子的歷程》（*The Rake's Progress*）、《喪
歌》、鋼琴與樂隊的《樂章》、《洪水》、《亞伯拉罕
與以撒》（*Abraham and Isaac*）、《安魂曲》、《C 大調
交響曲》（*Symphony in C*）……人們驚喜、驚異地發
現，這位浪跡天涯的作曲家，除了產量多，還風格
多變，《春之祭》之後的作品，狂暴已不復存在，有
的是典雅宏偉、明淨洗練、風趣優雅……這個以毀

---

11 畢卡索（Pablo Ruiz Picasso, 1881 ～ 1973），西班牙著名的藝術家、畫家、雕
    塑家、版畫家、舞臺設計師、作家和前法國共產黨黨員，出名於法國，和喬
    治・布拉克（Georges Braque）同為立體主義的創始者，是 20 世紀現代藝術的
    主要代表人物之一。

12 湯瑪斯・曼（Paul Thomas Mann, 1875 ～ 1955），德國作家，1929 年獲得諾貝
    爾文學獎。

13 紀德（André Paul Guillaume Gide, 1869 ～ 1951），法國作家，1947 年諾貝爾
    文學獎得主。紀德的早期文學帶有象徵主義色彩，直到兩次世界大戰的戰間
    期，逐漸發展成反帝國主義思想。

14 奧登（Wystan Hugh Auden, 1907 ～ 1973），英國—美國詩人，20 世紀重要的
    文學家之一，中國抗日戰爭期間曾在中國旅行，並與其同伴小說家克里斯
    多福・伊薛伍德（Christopher William Bradshaw Isherwood）合著了《戰地行》
    （Journey to a War）一書。

滅為樂的作曲家，原來不僅喜歡臧否他人的長短，還喜歡撕碎自己的創作風格，從頭再來！

更令人瞠目結舌的「自毀」，是曾經對普羅高菲夫回國不以為然的史特拉汶斯基，竟然在 1962 年接受赫魯雪夫的邀請回國。他難道忘了自己當年是怎麼刻薄地評價普羅高菲夫的嗎？不要說那麼久遠的往事，據隨史特拉汶斯基夫婦一同回蘇聯的美國指揮家、音樂學家羅伯特·克拉夫特[15]的紀錄，在巴黎等待飛往莫斯科的航班時，史特拉汶斯基還對蘇聯心存腹誹。可是一踏上莫斯科的大地，這位垂垂老矣的作曲家就開始沒原則地讚美祖國，從樂團的水準、劇院的陳設，到飯店的服務、飲食的口味，全然忘了這個國家曾經嚴厲地批評他是「帝國主義資產階級的一個重要的、接近於包羅萬象的藝術思想家」，他的作品被說成「印上一個沒有祖國的人品惡劣的個人主義的罪行」。

是莫斯科的克里姆林宮、聖彼得堡的冬宮以及家鄉奧拉寧堡，讓難以抑制的鄉愁攫住了史特拉汶斯基嗎？「一個人只有一個出生地，一個祖國，一個國家，他只能有一個國家，然而他的出生地是他一生中最重要的地方。我感到遺憾，局勢把我和我的祖國分隔開了，因此我未能讓我的作品在祖國誕

15　羅伯特·克拉夫特（Robert Craft, 1923～2015），美國音樂家、指揮家、作家，與史特拉汶斯基一生的好友。

生，尤其是我不能在祖國幫助蘇維埃創造它的新音樂。但我不是因自己的願望而離開俄羅斯的，雖然我承認在俄羅斯有許多我不喜歡的東西，但是批評俄羅斯的權利是我的，因為俄羅斯是我的，也因為我愛它，這個權利我不讓給任何外國人。」80 歲的史特拉汶斯基，毀掉了人們頭腦中固有的那個史特拉汶斯基。

因為受到當局的隆重歡迎，史特拉汶斯基有了這段讓我不明所以的表白。不過，我熱愛的，是作曲家史特拉汶斯基，我願意繞開史特拉汶斯基的表白，聆聽我尊敬的作曲家克服年邁體弱後在舉世聞名的莫斯科音樂學院大會堂指揮的那場音樂會，它彙聚了史特拉汶斯基一生創作的精華。

雖有七年之癢，但鮑羅定的《夜曲》經久不衰

涅姆佐夫在莫斯科紅場附近的莫斯科河橋遇刺地

　　2015 年 2 月 27 日，俄羅斯著名的政治家涅姆佐夫[16]在莫斯科紅場附近的莫斯科河大橋的橋畔遇害。涅姆佐夫遭槍擊身亡時，與一位年僅 23 歲的女模特兒在一起。一個 55 歲的政治家在夜深人靜的莫斯科街頭，跟一個只有 23 歲的烏克蘭模特兒在一起，於是有人不分青紅皂白地將涅姆佐夫的死抹上了桃紅色，並與他的政治立場燴成一鍋後，達成一種「共識」：涅姆佐夫不是一個好人。

　　23 歲的模特兒與 55 歲的政治家之間的交往，就算朝著婚姻而去，相信也會有人質疑他倆的愛

16　涅姆佐夫（Boris Yefimovich Nemtsov, 1959～2015），俄羅斯政治家，右翼力量聯盟創始人之一，曾任俄羅斯聯邦政府第一副總理、國家杜馬副主席（下議院副議長）。2015 年 2 月 27 日在莫斯科克姆林宮附近遇刺身亡。

情：相差 22 歲呢！殊不知，在俄羅斯，夫妻雙方年齡有些差距，已經是一件稀鬆平常的事情，即便是女方大男方很多歲，也不會引人側目。

莫斯科伊茲麥洛沃市場，被戲稱為「一隻螞蟻」

那天傍晚，我們去被戲稱為「一隻螞蟻」的跳蚤市場閒逛，路過一間陳設雅致的小店，就信步走了進去。店主是一位金髮過耳的美女，米色克什米爾羊毛短衫配純黑色的亞麻寬褲，讓她看起來時尚而優雅。見我們逛進小店，她左手拿起一支瑜伽銅缽，右手握著木槌在缽口揮動，好聽的嗡嗡聲便在我們耳畔飛過。看我們聽得開心，她又拿起一隻稍大一點的銅缽如法炮製，比剛才厚實卻一樣好聽的嗡嗡聲再度響起……。我們之中沒有人是瑜伽愛好

者，不過還是在她的小店裡買了東西，一件是長方形的原木板上鑲著馬掌，另一件是長方形的原木板上鑲著一把舊銅鑰匙。雙方開心地互道再見時，我們之中有人對著美女身邊看起來有點魯莽冒失的年輕人說：「你媽媽真漂亮！」年輕人一笑，答：「她是我的女友。」是嗎？趁他還沒有生氣，我們尷尬地迅速撤離了「一隻螞蟻」。

有了這段插曲，隔天，我們在莫斯科基督救世主主教座堂的廣場上旁觀一對對新人在藍天白雲下拍攝婚紗照，就算新娘看起來要比新郎蒼老許多，都無法讓我們跌破眼鏡了。

8 月是俄羅斯最好的季節嗎？從莫斯科到聖彼得堡，我們不知道遇到了多少對喜結連理的新婚夫妻。

在聖彼得堡的船首柱前，看見一輛白色的加長林肯車被花團錦簇地裝飾著，我們在詫異此地的婚嫁方式也如我們家鄉那樣講究排場的同時，四處尋找起新郎新娘來，他們正站在船首柱下拍婚紗照呢！聖彼得堡由三個小島組合而成，瓦西里島、維保島和彼得格勒島。船首柱是瓦西里島涅瓦河河畔的著名景點，仰望柱子上水泥色的船頭，當年，彼得大帝建城後不久，聖彼得堡人就將古希臘關於戰敗者的船頭是海戰勝利象徵的說法修建到俯瞰涅瓦

莫斯科基督救世主主教座堂的廣場上拍婚紗照的俄羅斯青年

河的船首柱上，用以震懾外族人，可見他們對家園的熱愛。而象徵俄羅斯境內窩瓦河、沃爾霍夫河、聶伯河和涅瓦河這四條河流的雕像被安置在船首柱的四個方向，則顯示了作為首都時聖彼得堡雄霸天下的霸氣。船首柱高 32 公尺，初建的實際功能是為進聖彼得堡港船隻導航的燈塔，而今，這一功能已經廢棄，卻成為聖彼得堡的新婚夫妻拍攝婚紗照的首站。

聖彼得堡的船首柱

爾後，他們選擇了離船首柱不遠、能看得見冬宮的涅瓦河畔拍照。身著白色婚紗的新娘和一身深色西裝的新郎倚靠在涅瓦河淺色的防洪堤上，幽藍到近似黑色的河水在他們身後蕩蕩悠悠，河那邊，是果綠與蜜白相間的龐大建築群冬宮。新娘新郎的

幸福模樣讓我們這些旅人情不自禁地舉起相機。

　　去彼得保羅要塞參觀時又遇到拍攝婚紗照的新人，我們無法理解：彼得保羅要塞是什麼地方？從1720 年起，彼得保羅要塞就是該市的駐軍基地和關押高層或政治犯的監獄。1870 年代重修後，此地只剩一個功能：關押政治犯，車爾尼雪夫斯基[17]、杜斯妥也夫斯基[18]、高爾基以及一些十二月黨人都曾是這裡的要犯，聖彼得堡的新人們難道不忌諱將監獄攝入自己的婚紗照裡嗎？仔細觀察，發現他們的鏡頭總是對準毗鄰的彼得保羅主教座堂。那座教堂，除了與別處教堂一樣頂著「洋蔥頭」外，獨一無二之處是，在很長一段時間裡它是全城最高的建築物，高 122 公尺。20 世紀中葉以來，越來越高大的建築開始零星出現在聖彼得堡，但聖彼得堡人似乎特別懷舊，依然將其視為城市的象徵之一，保留進自己的重要日子裡，比如舉行婚禮的那一天。而彼得保羅主教座堂，也以它金光閃閃的十字尖頂讓

17　車爾尼雪夫斯基（Nikolay Chernyshevsky, 1828 ～ 1889），俄羅斯唯物主義哲學家、文學評論家、作家，革命民主主義者。代表作：《怎麼辦？》、《序幕》、《藝術與現實的美學關係》等。

18　杜斯妥也夫斯基（Fyodor Mikhailovich Dostoevsky, 1821 ～ 1881），俄羅斯作家，杜斯妥也夫斯基在 20 歲左右開始寫作，第一本長篇小說《窮人》在 1846 年出版，當時 25 歲。杜斯妥也夫斯基的重要作品有《罪與罰》（Crime and Punishment）（1866 年）、《白痴》（1869 年）以及《卡拉馬佐夫兄弟》（The Brothers Karamazov）（1880 年）。杜斯妥也夫斯基共寫了 11 本長篇小說、3 篇中篇小說及 17 篇短篇小說，其文學風格對 20 世紀的世界文壇產生了深遠的影響。

8 月的聖彼得堡藍天更藍，白雲更白。

　　因為總是看見新人在拍婚紗照，後來，我們每到一處，總會留意周圍有沒有能帶給我們喜慶的新郎、新娘。幾乎處處不落空，在滴血救世主教堂，以我們的民俗來揣測，也是一個很不適合留影在新人結婚照裡的場景——1881 年 3 月 1 日，亞歷山大二世[19] 乘坐馬車準備去簽署宣布改組國家委員會、啟動俄羅斯君主立憲政改進程的法令。當他的馬車經過格里博耶多夫運河河堤時，遭到「民意黨」極端分子的暗殺，一個無政府主義者投擲的第一枚炸彈炸傷了亞歷山大二世的衛兵和車夫。眼看自己的衛兵和馬夫身負重傷，仁慈的亞歷山大二世不顧勸阻，執意下車查看他們的傷勢，結果刺客投擲的第二枚炸彈在他的腳下爆炸。亞歷山大二世雙腿被炸斷，被送回到冬宮幾小時後便醫治無效而身亡。

　　曾經血流遍地的地方怎麼就成了新人朝聖之處？大概，新人們抵禦不了滴血救世主教堂的美麗。這座仿照莫斯科紅場聖瓦西里大教堂建造的傳統式東正教教堂，外形輪廓秀美，深褐色的主體建築配以孔雀綠、金色相間的「洋蔥頭」和尖頂，色彩繁多又不令人眼花，造型複雜卻綽約有致，尤其

19　亞歷山大二世（Alexander II of Russia, 1818 ～ 1881），俄羅斯帝國皇帝，尼古拉一世的長子。

彼得保羅要塞

是它的內部裝飾，幾乎都用馬賽克來完成，7,500
平方公尺的義大利產多色大理石和俄羅斯寶石摻雜
在一起，構成了滴血救世主教堂別具一格的內部裝
飾，美得叫人一見傾心。站在教堂外拍完照的新
人，沒有不進教堂張望的。

滴血救世主教堂

滴血救世主教堂內部

　　伊薩基輔大教堂、涅瓦大街、青銅騎士雕塑
……凡是我到過的聖彼得堡景點，幾乎都能看到新
人在拍婚紗照。這種新氣象感染得我們情緒高漲，
那一天晚上，巴士一到瓦西里島，我們就要求下車

亞歷山大‧鮑羅定

步行回芬蘭灣旁的飯店，途遇一位年輕人迎上剛剛等到的女孩，將一束鮮花獻給了愛人。晚上 9 點了，落日的餘暉將街景塗抹得格外溫馨，此情此景讓我們不能自已地起鬨，惹得年輕人和女孩靦腆又得意地把頭埋進了對方的肩窩。

這是一個因為嚴寒，鮮花只好開放在心中的國度，由此催發的愛情，也就愈加濃情蜜意。

亞歷山大‧鮑羅定[20]，一個道道地地的聖彼得堡人，生於聖彼得堡，在聖彼得堡上的醫學院，又在聖彼得堡從事一輩子的化學研究工作。只是，這位化學家有些雅癖，其中之一就是利用業餘時間作曲。鮑羅定為數不少的音樂作品中，最讓人過耳不忘的，恐怕是他的第 2 號絃樂四重奏的第 3 樂章《夜曲》，清澈似山泉蜿蜒而來的優美旋律，猶如溫潤之玉，柔軟又堅硬，實在是獻給結婚紀念日的最好禮物。對，鮑羅定的這部作品，就是他送給妻子結婚 20 週年的禮物 —— 這是個每聽一次就會

20　亞歷山大‧鮑羅定（Alexander Borodin, 1833 ～ 1887）俄羅斯作曲家，同時也是化學家。19 世紀末俄國主要的民族音樂作曲家之一。他與巴拉基列夫、李姆斯基—柯薩可夫、居伊和穆索斯基組成俄國五人組。

被感動一次的愛情故事。可是，我們的俄羅斯旅伴說，鮑羅定與夫人的愛情故事，已成前塵往事，而今，俄羅斯的離婚率已達 50%。也就是說，鮑羅定的《夜曲》問世 100 多年之後，船首柱還在；彼得保羅主教座堂還在；滴血救世主教堂還在；伊薩基輔大教堂還在；涅瓦大街還在；青銅騎士胯下的馬匹還在躍躍欲飛，可是，一個男人和一個女人之間愛的誓言，卻破碎得越來越迅速。

雖然，婚姻的七年之癢已經得到心理學的理性支持，但是，我依然希望每一對新人都能相知相愛到鮑羅定為愛妻譜寫《夜曲》的那年，甚至更加久遠，直至天荒地老。

亞歷山大‧鮑羅定之墓，聖彼得堡涅夫斯基修道院公墓

▌天才是上帝最脆弱的孩子

　　2010 年 5 月，著名的費城交響樂團由著名指揮
家夏爾·杜特華[21]率領，到上海演出。名團加名指
揮，我本應毫不猶豫地購票前去現場，但他們選擇
的曲目讓我猶豫，史特拉汶斯基的《火鳥》和《春之
祭》。衝突的和絃、調性和節奏組合成的不安分元
素，我覺得會讓我在現場坐立不安。但我最終沒能
抵擋住費城交響樂團和夏爾·杜特華的魅力。

《春之祭》布景由俄羅斯畫家尼古拉斯·洛里奇繪製

　　沒有想到，預設的困難根本不存在，特別是
《春之祭》，我很快就被史特拉汶斯基、費城交響樂
團和夏爾·杜特華的三方合作，透過音樂傳遞的悸

21　夏爾·杜特華（Charles Dutoit, 1936 ～ ），瑞士指揮家。他曾到訪中國 32 次，
　　為中國觀眾帶來史特拉汶斯基的《春之祭》、布里頓的《戰爭安魂曲》（War
　　Requiem）、史特勞斯的《艾蕾克特拉》（Elektra）和《莎樂美》（Salome）等
　　作品的中國首演。

瓦斯拉夫‧尼金斯基

動、躁動以及歡聲雷動聲中，從此堅信，音樂這種語言，從來不會故作姿態地自設門檻，就怕路過的人不肯駐足嘗試親近它。

音樂這種語言還有一種魅惑，就是不同的樂團、不同的人來演繹同一部作品，有時會產生天上人間的巨大差異。2010 年 5 月在上海的費城交響樂團與夏爾‧杜特華還原了一場莊嚴的偶像崇拜儀式，那麼，1913 年 5 月在法國巴黎愛麗舍劇院首演時，到底呈現了怎樣的《春之祭》，才招致巴黎人狂丟「臭雞蛋」呢？

這就遇到了瓦斯拉夫‧尼金斯基。

除非你長住在聖彼得堡，否則身為遊客，無論你在聖彼得堡逗留多久，回家後想想剛剛結束的聖彼得堡之行，最關鍵的一個詞一定是 —— 遺憾。

就在準備前往聖彼得堡機場打道回府的那個下午，我們有 1.5 小時的機動時間，竟因為無知，任憑導遊帶我們進一間蜜蠟「叢林」裡看來看去 —— 其實，那家商店，就在聖彼得堡劇院廣場附近。

我倒是早早地從蜜蠟堆裡逃了出來，穿過聖彼得堡劇院廣場，走到涅瓦大街上

的噴泉河旁悠閑看街景。我不知道正對著聖彼得堡音樂學院的那棟淺綠色、頂著一個同色圓頂的建築，就是馬林斯基劇院（Mariinsky Theatre）──八月，如同世界各地一樣，聖彼得堡的劇院也處於休整期，又是下午，劇院大門緊閉，門可羅雀。我怎麼可能在走過靜悄悄的劇院門前時想到，差不多 100 年前，無論白天和黑夜，這裡都曾沸反盈天過？

馬林斯基劇院

　　1909 年，瓦斯拉夫·尼金斯基從聖彼得堡帝國芭蕾舞蹈學校畢業後被馬林斯基劇院留用，很快透

過《唐璜》、《仙女們》、《埃及之夜》等芭蕾名劇讓坊間見識到他那特有的騰空跳躍，以及前所未見的舞蹈動作。尼金斯基走紅後，馬林斯基劇院的門前成為聖彼得堡人抑或來自巴黎、倫敦喜歡芭蕾的人們最願意駐足的地方，他們希望用時間換取一張晚上可以走進劇院目睹尼金斯基表演風采的門票。多年之後，一些曾經等到演出開始後，不得不怏怏而歸的人們發現，當年他們每個午後在聖彼得堡劇院廣場所做的努力，都是值得的。因為當一個芭蕾巨星將自己的肢體延伸到遙遠不知何處時，他們用自己的一片深情見證尼金斯基的冉冉升起。而尼金斯基用自己的舞蹈，讓幾經沉浮的聖彼得堡劇院廣場再度輝煌。

是的，聖彼得堡劇院廣場幾度沉浮。1849 年，義大利建築設計師阿爾貝特‧卡沃斯[22]在建於 1738年的聖彼得堡大劇院（今天的聖彼得堡音樂學院）的對面，為俄羅斯一種頂尖藝術 —— 馬戲，專門設計、建造了馬戲場。但是，天不假年，十年後的一場大火，幾乎燒盡了馬戲場，留下的只有斷壁殘垣。1860 年，沙皇利用馬戲場的廢墟重建專門用於音樂舞蹈表演的劇院，落成之後，為紀念亞歷山大二世的妻子瑪利亞，劇院取名馬林斯基劇院。

22　阿爾貝特‧卡沃斯（Alberto Cavos, 1800 ～ 1863），俄籍義大利裔建築設計師。
　　代表作：俄羅斯聖彼得堡馬林斯基劇院、莫斯科大劇院。

劇院有了，舞者呢？早年，起源於法國的芭蕾在聖彼得堡興盛一時。沙皇覺得，總是從外國延聘演員表演芭蕾不是長久之計，就由皇后瑪利亞主持，請人興辦了芭蕾舞蹈學校。1836 年，延續下來的學校定名為聖彼得堡帝國芭蕾舞蹈學校後，總部搬到劇院街，又因為沙皇撥款支持，一些有舞蹈天分的貧苦孩子，才有機會走進這所學校。

阿爾貝特・卡沃斯

這個家庭來自波蘭，背井離鄉並沒有讓這個家庭生活順遂起來，父母只好把 10 歲的尼金斯基送到聖彼得堡帝國芭蕾舞蹈學校學習舞蹈，部分緩解了生活之憂外，也算是給孩子一個未來。聖彼得堡帝國芭蕾舞蹈學校招生向來以嚴酷著稱，這個身體條件並不出眾的 10 歲男孩，讓主考官頗為躊躇：要還是不要？要，就占走了一個寶貴的新生名額。倘若這個孩子大了未必佳呢？感謝那個拍板要瓦斯拉夫・尼金斯基的老師，不然，1909 ～ 1919 年的 10 年間，世界芭蕾舞界和現代舞界都將會失色。

1909 年，從聖彼得堡帝國芭蕾舞蹈學校畢業以後的尼金斯基，很快就成為馬林

斯基劇院的臺柱，能「像皮球一樣彈起、像雪花一樣飄落」的他，被彼時非常著名的經紀人達基列夫相中，讓其加盟了他的舞團，到巴黎、倫敦開始了漫長的「俄羅斯演出季」。從那以後，尼金斯基不再只屬於聖彼得堡，他成為西歐芭蕾舞臺上一顆熠熠閃亮的巨星。

尼金斯基和達基列夫

　　我並不喜歡舞蹈。音樂、電影、話劇、舞蹈在一起，最後我才會選擇舞蹈。我感興趣於瓦斯拉夫·尼金斯基，橫向縱向地了解他，始於他對舞蹈語言的精湛理解，和對世俗生活的粗疏理解，「……我找到了我的運氣，我立刻順從了達基列夫，就像樹上顫抖的葉子和他做愛。從見面那一刻起，我就了解他了，我假裝贊同他，我知道如果不順從他，我和我的母親就得餓死，為了生活，我只好犧牲自己……」這段留在《尼金斯基手記》一書中的話，初讀真叫人心酸。但等到知道他和他筆下的那個達基列夫之間用了 10 年來分分合合、愛愛恨恨後，再來讀這段話，感受恐怕就不是心酸一詞能概括的。

　　達基列夫把尼金斯基從聖彼得堡帶到

巴黎後，除了給尼金斯基父母一份有保障的生活外，還悉心栽培他，請最好的編舞老師幫他編舞，等到尼金斯基自己有能力編舞了，又請最出色的作曲家 —— 德布西[23]和史特拉汶斯基為他的舞蹈譜曲。

德布西的《牧神午後》是一部印象主義代表作，其異國情調的旋律和難以捉摸的和聲叫人困惑。可是，此曲交到尼金斯基手裡，他竟然輕巧地用舞蹈表現出了作曲家的意圖，得到作曲家的首肯。不然，就算有達基列夫，狂放不羈的史特拉汶斯基怎麼肯將自己具有顛覆性意義的作品《春之祭》交給才 24 歲的尼金斯基？事實上，史特拉汶斯基的《春之祭》縱然石破天驚，倘若沒有尼金斯基讓人瞠目結舌的編舞，1913 年 5 月的巴黎怎麼會因為《春之祭》而口角相加，乃至大打出手？

來看看尼金斯基是怎麼用舞蹈來呈現《春之祭》的吧：雙腳呈內八字，膝蓋微彎，脊背彎駝，包括旋轉、跳躍在內的

德布西

史特拉汶斯基

23　德布西（Achille-Claude Debussy, 1862 ～ 1918），法國作曲家。德布西是 19 世紀末 20 世紀初最有影響力的作曲家之一，代表作：管弦樂《大海》和《牧神午後前奏曲》，鋼琴組曲《貝加馬斯克組曲》、《意象集》、《版畫集》等；而創作最高峰則是歌劇《佩利亞斯與梅麗桑德》。

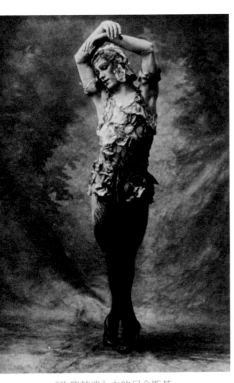

《玫瑰花魂》中的尼金斯基

所有動作均由這個姿勢衍生而出。我們知道，「外八字」是芭蕾舞演員的基本訓練項目和舞臺上的基本身體特徵，而現在，尼金斯基要打破舊規，除了引發演員的不滿和消極怠工外，史特拉汶斯基對此也懷疑起來：他是達基列夫所說的世界上最好的舞者嗎？史特拉汶斯基不知道，除了高超的舞蹈技藝，尼金斯基還敏學不倦，閱讀讓他認識了高更的故事和高更的作品，他嘆服高更筆下的大溪地忠實地「復原了原始時代」，而這，正好與史特拉汶斯基創作《春之祭》的靈感不謀而合：「睡夢中看到一場莊嚴的異教祭典：睿智的長老們席地而坐，眼見一名少女跳舞直至死亡，他們要把她當成祭品，來安撫春之神。」一個偉大的作曲家和一個偉大的舞蹈家的心聲在《春之祭》的節奏中撞擊出火花，雖然 1913 年 5 月的巴黎對兩位天才的合作毀譽參半，但是，史特拉汶斯基接受了舞蹈《春之祭》。

《天方夜譚》中的尼金斯基

　　隨著關於《春之祭》的爭論甚囂塵上，尼金斯基與達基列夫亦同事亦情人的關係，也走到了盡頭。為自由，尼金斯基趁達基列夫沒注意，在阿根廷娶了妻子，不出意外地，達基列夫大動肝火與之決裂。尼金斯基太太心想，正好，我們自組舞團。可是，達基列夫也是不世出的人才呀！尼金斯基的舞團千瘡百孔，自己也在第一次世界大戰中被關進了匈牙利的牢房。在遙遠的美國繼續成功地經營著俄羅斯舞團的達基列夫聞訊後，營救出了尼金斯基，並請他去美國重新上臺。在美國重逢的剎那，尼金斯基熱切地投入了達基列夫的懷抱，這讓看著他們親吻的尼金斯基太太不能自已。三個人一起「遊戲」的結果是，達基列夫把俄羅斯舞團留給尼金斯基，自己走了，而接手舞團的尼金斯基夫婦又將舞團弄得一團糟……。

　　尼金斯基瘋了，此時，他還不到 30 歲。

　　30 歲，對一位芭蕾舞男演員來說，體力還在巔峰，依然可以像皮球那樣跳躍起來，人生閱歷又能幫助他在像雪花一樣飄落時，有不能承受之輕的況味，他卻用瘋狂棄絕了舞臺。不像與他同時代從俄羅斯逃亡西方世界的作家、藝術家，因為政治原因丟失了自己的天賦，尼金斯基的喪失，完全因為與達基列夫之間的恩怨情仇。在尼金斯基離他而去

之後，達基列夫試圖再造一個舞蹈男神，可是，可以有舞蹈天王，但舞神不再，達基列夫才痛悔，才會想方設法解救深陷囹圄的他的舞神，才會不忍看舞神落魄，將美國的那支俄羅斯舞團給了他。沒錯，尼金斯基依戀他的時候，他做得過於霸道，不讓尼金斯基舞蹈的風采以影像的方式留存於世，還誘惑尼金斯基越過舞臺走進他的臥室。他們倆，除了是同性戀而被當時的社會所不容外，他愛他，錯了嗎？達基列夫錯的是，他沒有問問尼金斯基是否願意做一個男人的愛人吧！說是為了自由，尼金斯基在阿根廷匆忙結婚，但其實，他是對同性戀的逃遁。

離開達基列夫以後，一年比一年糟的舞蹈事業和家庭生活終於逼瘋了尼金斯基，兩個男人之間的愛，竟成這種結局，沒有對錯的恩怨，讓我們面對尼金斯基不多的幾張舞蹈照片時，抱憾不已——舞蹈中的尼金斯基，已然雌雄難辨，那麼剛烈又那麼柔弱，那麼英俊又那麼嫵媚，那麼有征服欲又那麼渴望被人征服，真的是集妖異魅惑於一身。

1950 年的春天，用了 30 年，近乎他人生一半光陰進進出出瘋人院幾次後，尼金斯基死了。「我是神的小丑。」死前，尼金斯基這樣評論自己。下此判斷的時候，尼金斯基想起了他起飛的地方——

尼金斯基雕像 —— 羅丹作品

馬林斯基劇院嗎？那裡，曾經是一個馬戲場，而小丑是一場馬戲最不可或缺的角色。「我是上帝的孩子。」尼金斯基又說，此刻，他一定是想起 10 歲那年報考聖彼得堡帝國芭蕾舞蹈學校時老師們的猶豫了。如果老師們堅持他的身體條件不好而放棄了他，尼金斯基很有可能就是個為生存和一日三餐苦苦奔忙的普通人，瓦斯拉夫·尼金斯基這個名字也就泯於眾生了。

可是，上帝看重尼金斯基這個孩子，賦予他跳得離天堂最近的能力，卻忘了告訴他，天才是上帝最脆弱的孩子。

▎鐵幕堅不可摧？有人穿牆而過

俄羅斯早已是一個人口負成長的國家，據我們的俄羅斯導遊麗達說，一些小鎮因為人煙稀少而日漸蕭條。一路上，我們目光所及之處，那大片大片荒著的土地，倒不全是為保存地力用了輪種法，實在是無人耕種。首都莫斯科當然不存在人口稀疏的憂患，但即便如此，我們平常怨之恨之又無法躲避的上下班高峰時間塞車情況，在莫斯科也不太會出現。於是，車窗外的景色總能完美地呈現在我們眼前，這就讓我們輕易地看到了那一棟橫臥在莫斯科河畔的米色火柴盒式建築。建築的跨度有點大，我們的大巴從它身邊開過的時間，夠我們的中文導遊嘀咕一句：「這就是莫斯科人所稱的將軍樓，當年大清洗的時候，住在這棟樓裡的將軍死了 90%。」小徐的這句念叨，像是給了我們無形的打擊，車裡一時安靜得能聽見彼此的呼吸聲。小徐以為我們健忘，忍不住補充道：「希特勒為什麼敢打蘇聯？就是因為大清洗幾乎弄垮了紅軍。」是的，如果不是史達林刀下留人，讓朱可夫元帥免遭清洗；如果不是德國人對蘇聯冬天的嚴寒估測嚴重不足，第二次世界大戰的歷史會怎麼改寫？假設過往，真是讓人心有餘悸。

　　自 1934 年 12 月的基洛夫[24]開始的大清洗，

24　基洛夫（Sergei Kirov, 1886 ～ 1934），原名謝爾蓋・米羅諾維奇・柯斯泰瑞科夫，蘇聯布爾什維克黨早期領導人。他曾於 1926 年至 1934 年擔任列寧格勒

莫斯科河畔的將軍樓，大清洗時，多少將軍從大樓的窗戶裡一躍而出

到 1938 年秋天總算告一段落。在這次大清洗中，共有 3.5 萬名軍官被鎮壓，其中包括高級軍官中的 80%，元帥也有 3/5 落馬，涉及所有軍區司令和絕大部分集團軍司令。第一批被蘇維埃政權授予元帥軍銜的 5 人中，圖哈切夫斯基[25]、布柳赫爾[26]、葉戈羅夫[27]三人被處死；15 名集團軍司令中，13 名被殺；85 名軍長中，處決了 57 人；159 名師長，110 名被處決；40,000 多名營級以上高中級軍官遭到迫害。在大清洗運動中，濫捕無辜的行動大都在深夜進行，誰也不知道進入夢鄉後能否自然醒來看著太陽冉冉升起，風聲鶴唳、人人自危成為大清洗時期蘇聯的一種常態，居住在將軍樓裡的那些要員，更是神經高度緊張，生怕夜間有人敲響自己的家門。一旦家門被契卡敲響，為了免遭被捕後的嚴刑拷打和侮辱，他們會在驚駭和匆忙中選擇躍窗而出，摔死在對他們來說曾經是最溫暖的家窗下。

　　被世界歷史稱為國家自殘行為的蘇聯大清洗，

　　　州委書記的職務，任期中在其辦公室內被列昂尼德·尼古拉耶夫開槍射殺。此次遇刺事件直接導致了大清洗。

[25] 圖哈切夫斯基 (Mikhail Tukhachevsky, 1893 ～ 1937)，蘇聯紅軍總參謀長、蘇聯元帥，為蘇聯軍事理論縱深作戰作出重大貢獻。在 1937 年的圖哈切夫斯基案件中，他被屈打成招，判決有罪，並於 1937 年 6 月 11 日處死。

[26] 布柳赫爾 (Vasily Blyukher, 1889 ～ 1938)，蘇聯著名軍事將領，是初期的五大元帥。在華取漢名「加倫」，被稱為「加倫將軍」，因蘇俄內戰而成名，曾任防禦日本侵略的遠東方面軍司令。1938 年 11 月 9 日在史達林的大清洗被暗中殺害。

[27] 葉戈羅夫 (Alexander Yegorov, 1883 ～ 1939)，蘇聯元帥。

是在史達林的指使下由捷爾任斯基[28]領導的契卡完成的。

契卡，全稱為全俄肅清反革命及怠工非常委員會，簡稱「全俄肅反委員會」，契卡是俄文的縮寫。它是蘇聯的一個情報組織，由捷爾任斯基於 1917 年 12 月 20 日創立。該組織是因為列寧在俄國十月革命成功後，要求捷爾任斯基創辦一個可以「用非常手段與一切反革命分子鬥爭的機構」而創立的。後來，他又將契卡的任務概括為「在全國範圍內消滅和制止反革命及怠工行為，將其積極分子交由法庭處理，同時還進行前期偵查和預審。」實際上，契卡的主要職能還包括逮捕蘇聯國內的反革命分子，並負責管理監獄、搜查、逮捕、拘禁。1922 年，契卡改組為國家政治保衛局，於 1934 年至 1938 年製造了惡名昭彰的大清洗事件。隨著史達林時期的落幕，契卡在 1954 年更名為國家安全委員會，即著名的蘇聯情報組織克格勃，與以色列的摩薩德、英國的軍情五處和美國中央情報局並稱世界四大情報組織，成為冷戰時期社會主義陣營與西方自由世界抗衡的重要機構。

如此重要的一個情報機構，冷戰時期到底有怎

28　捷爾任斯基（Felix Dzerzhinsky, 1877 ～ 1926），波蘭裔白俄羅斯什拉赫塔，蘇聯克格勃的前身—全俄肅反委員會（簡稱「契卡」）的創始人。該組織因在俄國內戰和紅色恐怖時期拷打及處決大量反對者而廣為人知。

樣的作為？不要說蘇聯時期了，就是 1991
年蘇聯解體之後，俄羅斯都鮮有文藝作品
反映克格勃是怎麼與以色列摩薩德、英國
軍情五處和美國中情局周旋的。倒是西歐
電影，遠的如法國、義大利、西德聯合
拍攝於 1973 年的《蛇》（Night Flight from
Moscow，又名《莫斯科夜航班》），近的則
有根據約翰·勒卡雷[29]的著名諜戰小說《諜
影行動》（Tinker Tailor Soldier Spy，又名
《鍋匠·裁縫·士兵·間諜》）再度重拍的英
國同名電影，多少能讓我們管窺到冷戰時
期克格勃在鐵幕兩側的活動。

約翰·勒卡雷

　　重看將近 50 年前拍攝的諜戰片《蛇》，
我發現它沒有輸給時間，更沒有輸給迅猛
發展的電影科技，因為讓影片《蛇》神祕到
今天的，與其說是蘇聯克格勃、法國反間
諜情報機構、美國中央情報局、英國軍情
五處等這些讓 1970 年代的我們眼花撩亂的
特務組織；與其說是歐洲一號電臺讓我們
耳目一新的直播模式；與其說是時而是慕
尼黑的清晨，時而是倫敦泰晤士河岸的黃

29　約翰·勒卡雷（John le Carré, 1931 ～ 2020），本名大衛·約翰·
　　摩爾·康威爾（David John Moore Cornwell），英國著名諜報小說
　　作家。出生在英格蘭多塞特郡浦爾。

昏，時而是巴黎夜晚等讓 1970 年代的我們目不暇給
的異國風情；與其說是讓 1970 年代的我們目瞪口呆
的各國諜報菁英緊鑼密鼓地你方唱罷我登場的川流
不息，以及讓 1970 年代的我們大驚小怪的監控設
備、測謊機、監聽設備等科學新技術，不如說是出
現在一部西方電影中一個蘇聯克格勃堅如磐石的信
念。這讓我們大費思量。

巴黎奧利機場一片繁忙的景象。正準備登上回莫斯
科飛機的弗拉索夫突然丟開一直緊牽著的妻子，奔向櫃
檯買了一瓶酒，又往女售貨員手裡塞了 100 元、一張紙
條後疾步奔向機場警署，這個來自莫斯科的駐巴黎二等
參贊要求政治避難。對於一直想打破克格勃這個鐵桶的
西方世界，弗拉索夫顯然是一塊大肥肉，法國、英國、
美國等諸國經過幾次明爭暗鬥的交手後，弗拉索夫被美
國帶至中央情報局總部。測謊員聽似無表情實質充滿挑
釁性的言語雖然讓弗拉索夫很是衝動，但他還是通過了
測謊機的測試。不過，在其被中央情報局保護的六個月
裡，西德、法國、英國等國家共有 13 位高級間諜死於非
命。當火燒到法國情報機構的頭目貝爾東身上後，西方
情報機構嗅出了弗拉索夫叛逃的詭異氣息。果然，弗拉
索夫假叛逃的真目的是勾結早已背叛的英國情報機構二
號人物貝爾，摧毀西方的情報機構。事情敗露以後，弗
拉索夫被美國當作籌碼換回了自己的一名飛行員。交換

儀式於某個清晨在東西德邊界的一座橋上進行，弗拉索夫和美方飛行員在由相向而行變成相背而行的過程中，貝爾東與美國中央情報局大衛斯的對話讓人體會到了西方的傲慢，大意如下：

貝爾東：用弗拉索夫換回一個飛行員，價值相差是不是過於懸殊？

大衛斯：弗拉索夫已經失去了價值，他回去以後會慢慢消失。換回我們的飛行員，至少他可以告訴我們，蘇聯人是怎麼打落他的飛機的。

我替弗拉索夫考慮了一下，他難道不知道，身為間諜他已經失去價值了嗎？政治上已走下坡的他為什麼最終選擇回家？答案藏於他在完成測謊的過程中與大衛斯的一段對話：

弗拉索夫：1945 年，我們用坦克在那裡（布拉格）趕走了希特勒。

大衛斯：1968 年，你們的坦克在那裡幫助重建社會主義？

弗拉索夫：有時候一味藥可以治百病。那是我們的新邊疆。你們不也有你們的新邊疆嗎？

很妙的對話，不是嗎？這樣斬釘截鐵的政治宣言，官至美國中央情報局局長的大衛斯不可能聽不到弗拉索夫話裡的立場，只是，這個美國佬過於自

信，以為西方舒適的生活和自由終將贏得弗拉索夫的心。美國佬以及西方為自己的傲慢和自信付出了沉重的代價：13 位西方高級間諜的生命。

1970 年代，物質生活水準明顯優於蘇聯的美國，為什麼無法讓弗拉索夫改弦易轍？何況他又在巴黎耳濡目染過花花世界的美妙之處。特別是今天這個重利輕義的年代，我們怎麼看弗拉索夫的選擇都覺得不可思議！因此，我對總部位於莫斯科紅場不遠的克格勃，充滿了好奇。更不可思議的是，影片中與弗拉索夫勾結在一起策劃 13 位西方高級間諜死亡案的貝爾，竟然是英國情報局的二號人物，且出身良好，是英國貴族的後代。影片用貝爾信仰馬克思主義為他的行為做出了解釋，信仰是一支能穿透鐵幕的矛，稍加磨練就可以反轉過來成為加害自己祖國的利器嗎？那麼，克格勃用了什麼招數收服了貝爾？

會不會有人質疑，貴族的後代、英國情報機構的二號人物貝爾是西方電影人為影片精彩杜撰出來的人物？不，自由的西方更是傲慢的西方，不會無中生有這樣的情節，為他們認為最優越的社會形態抹黑。第二次世界大戰期間，唐納德・麥克林[30]、

30　唐納德・麥克林（Donald Maclean, 1913～1983），曾任英國外交官、英國駐美國大使館辦公室主任兼英美核武器專案協調員、「劍橋五人組」的著名雙重間諜。

蓋伊·伯吉斯[31]、金·費爾比[32]、安東尼·布朗特[33]以及直到 1980 年代才被披露的約翰·凱恩克洛斯[34]這 5 人信仰了馬克思主義後一起投靠克格勃，冷戰期間，5 人的故事漸漸被揭露，5 人中有 3 人分別於 1951 年、1963 年逃往蘇聯，第 4 人暴露於 1979 年，而第 5 人始終處於隱祕狀態，直到 1980 年代有人為克格勃寫祕事才遭披露。被後人稱為「劍橋五人組」的間諜案公諸於世後，世界——特別是西方世界，一片譁然，人們始終不能理解，五個貴族的後裔在享受著西方世界最優質生活的同時，為什麼會以信仰為名拆毀西方社會的根基？

「劍橋五人組」猶如皮鞭，抽打在一向自以為是的西方世界身上，讓他們痛徹心扉，屢屢反思。英國人約翰·勒卡雷不就在他最著名的反映冷戰時期間諜活動的小說《諜影行動》中特別設計了一個不太露臉的克格勃卡拉嗎？事實上，出生於 1931 年的約翰·勒卡雷在 18 歲那年就被英國政府招募進英國

31　蓋伊·伯吉斯（Guy Burgess ，1911～1963），英國外交官和蘇聯特工、「劍橋五人組」成員，該小組從 1930 年代中期到冷戰時代初期一直運作。1951 年他與間諜唐納德·麥克林一起叛逃到蘇聯，導致英美情報合作遭到嚴重破壞，造成英國外交部門的長期混亂，並重挫其士氣。

32　金·費爾比（H.A.R. Philby, 1912～1988），蘇聯在冷戰時期潛伏在英國的雙重間諜，暗中替蘇聯內務人民委員部和 KGB 效力，提供情報，「劍橋五人組」成員。

33　安東尼·布朗特（Anthony Blunt, 1907～1983），英國歷史學家、蘇聯特工、「劍橋五人組」成員。

34　約翰·凱恩克洛斯（John Cairncross, 1913～1995），英國情報官員、蘇聯特工、「劍橋五人組」成員。

軍方情報部門，擔任對東柏林的情報工作，直到退役。所以，卡拉這個人物絕不是空穴來風。唯其如此，我對克格勃培養忠誠者時所用的方法，既欽佩又好奇。

　　卡拉是一個怎樣的人？電影採用了小說作者的表現手法，透過主角喬治·史邁力說故事給助手的方式加以描述。史邁利說，1955年蘇聯國內正對克格勃進行大清洗，差不多有50％的諜報人員逃往國外，這時被美國中情局捕獲並受盡折磨的卡拉被釋放，在印度德里換機回莫斯科。趁此機會，史邁利前去德里遊說卡拉。兩人坐在德里機場的咖啡廳裡，史邁利不停地說話，而卡拉則一言不發地盯著自己那雙已經沒了指甲的手。去莫斯科的飛機第2天才起飛，史邁利給卡拉一盒駱駝牌香菸和一個打火機，請他慎重選擇，用意顯豁而陰毒：一回莫斯科，你這個老菸鬼連駱駝香菸都見不到了。但是，卡拉留下了那包原封不動的駱駝菸，還是回到莫斯科。相比較，書裡的描述更加詳盡，也就更增添了我們的疑惑：身為沙皇特務機構特務的兒子，卡拉子承父業，於1936年開始從事間諜工作，剛上手就在西班牙搜羅了一批德國情報人員。1936～1941年，卡拉到過英國，但史邁利在講故事時依然不知道他以什麼身分在英國活動並做了些什麼。1948年

左右，卡拉被蘇聯當局抓捕坐監，後又被流放到西伯利亞，直到史達林倒臺以後才官復原職，即刻被派往美國，直到 1955 年。

依照小說《諜影行動》對卡拉背景的交代。這個克格勃，太有可能接受史邁利的規勸，留在西方用自己所掌握的情報換取西方世界裡一定會比蘇聯優渥許多的生活，但是，他選擇了回國。儘管回去後很有可能再度遭到清洗，而被清洗的滋味，坐過牢、在西伯利亞餐風露宿過的卡拉，一定比誰都清楚，但是他義無反顧地回去了。儘管約翰‧勒卡雷用史邁利的妻子送給他的禮物、刻著「送給喬治，愛情永固，安妮」字樣的打火機當道具，暗示回去以後卡拉並沒有受到蘇聯當局的迫害，可是，1934年之後，蘇共鬥爭內幕資料的漸漸公開讓我們齒冷之餘，也讓我們達成了共識：蘇聯是個紅色恐怖橫行的國度，相比西方世界的自由、和平和富裕，這是一個讓人窒息的地方。而蘇聯解體後，那些加盟國只爭著迅速與俄羅斯劃清界線，似乎更坐實了蘇聯是個流氓國度的說法，至於透過各種途徑移民國外的蘇聯公民，有些更用各種藝術形式來痛陳自己曾在蘇聯不堪回首的往事，即便像《烏克蘭拖拉機簡史》（A short History of Tractors in Ukrainian）這樣的黑色幽默小說，也把從烏克蘭到英國的移民為了

過像樣的英國生活而不擇手段的故事，寫得讓人哭笑不得。讀時，我就這樣告訴自己，《烏克蘭拖拉機簡史》的作者瑪琳娜·柳薇卡（Marina Lewycka）是在英國長大的烏克蘭第二代移民，她筆下所寫均是耳食之言，又為博得西方人的讚譽，作家在描述移民的困窘和狡黠時，不得不誇張，也是可以理解的。只是，我們讀後，到底對蘇聯乃至現在的俄羅斯有了一種預設。

種種灰色的猜想，在我踏上俄羅斯的大地後，得以一一改正偏差。進出海關時遺留的官僚習氣讓我們花了加倍的時間等待，的確讓人痛恨，但無論是莫斯科還是聖彼得堡，每天的藍天白雲以及藍天白雲下氣度不凡的俄羅斯人匆匆的腳步，都在告訴我們，他們的生活至少與這個大同世界是同步的：發展經濟、渴望和平、爭取國際地位等，以及由此伴生的政治陰謀。

2015 年 2 月 28 日，俄羅斯前副總理、反對派領袖涅姆佐夫在莫斯科遭人射殺。我們去紅場遊覽的時候經過涅姆佐夫遇害的橋畔，那裡的欄杆上，懸掛著涅姆佐夫的大幅照片，照片下方，供奉著鮮花，有幾束還帶著露珠。這裡與紅場近在咫尺，也就是說，克格勃總部[35]就在不遠處。以兇狠、毒辣

35　克格勃總部，即盧比揚卡大樓，是俄國克格勃總部常用代碼，包含了俄羅斯首都莫斯科盧比揚卡廣場附屬監獄。該建築屬新巴洛克式建築，1898 年落

著稱全世界的克格勃，今天卻能如此不在意地靜觀
莫斯科人悼念涅姆佐夫的行為，這更增添了我們等
待的焦慮：冷戰時期活躍在鐵幕兩旁的克格勃檔案
解密以後，那棟底層青灰色、二樓以上米色和咖啡
色鑲拼而成的長方體建築，將如何揭祕弗拉索夫和
卡拉們的忠誠？

莫斯科的克格勃總部，目前是俄羅斯聯邦安全局總部，並設有克格勃博物館

成，原為「全俄保險公司」總部，十月革命後被全俄肅反委員會接收，成為
祕密員警總部。1940 ～ 1947 年間曾增建。目前是俄羅斯聯邦安全局總部，
並設有克格勃博物館。

偉大的作曲家，卑劣的丈夫？

聖彼得堡音樂學院的全稱叫聖彼得堡國立 H.A. 林姆斯基 —— 高沙可夫音樂學院。對謝爾蓋·普羅高菲夫來說，這所學校以及名字嵌入學校校名的這個人，左右了他的人生。

1904 年，13 歲的普羅高菲夫帶著裝有 4 部歌劇、2 部奏鳴曲、1 部交響曲以及相當數量鋼琴曲等自己作品的箱子投考聖彼得堡音樂學院。考務委員會委員長、作曲家林姆斯基 —— 高沙可夫一見之下馬上表示：這個學生我看中了。普羅高菲夫也很爭氣，在長時間的考試過程中，他穩步通過了音樂基礎、視唱練耳、作品聽辨等入學科目，成為聖彼得堡音樂學院的學生，並在這座培養出眾多俄羅斯音樂人才的學校一待就是十年。

在成為聖彼得堡音樂學院的學生之前，出生和生長在烏克蘭頓內次克 40 公里以外的松卓夫卡村的普羅高菲夫，去過兩次莫斯科。第一次去時，普羅高菲夫才 9 歲，園藝師父親和會鋼琴的母親帶著他欣賞了古諾的歌劇《浮士德》、鮑羅定的歌劇《伊果王子》以及柴可夫斯基的舞劇《睡美

普羅高菲夫，法國畫家亨利·馬諦斯作品

人》，前輩們的作品震驚了普羅高菲夫。

普羅高菲夫紀念碑，莫斯科

　　一個 9 歲的孩子竟然能被那樣的大作品深深吸引，只能說，普羅高菲夫是個音樂天才。其實，他的音樂天賦早在 5 歲時就開始顯露，那時，在媽媽的教導下，普羅高菲夫已經會彈鋼琴。有意思的是，他在按照媽媽的教導彈完練習曲後，常常會彈一些有濃郁烏克蘭民歌餘韻的即興創作，那些自小就在他耳畔縈繞的烏克蘭民歌從那時開始影響著他一生的創作。

　　也只有在松卓夫卡村這樣遼闊的田園風光裡，烏克蘭民歌才會悠揚得格外悅耳，不是嗎？春天野

花遍野、夏天濃蔭密布、秋天麥浪滾滾閃金光、冬
天大雪紛飛若仙境，園藝師父親憑藉自己出色的手
藝，替妻兒在這樣的美景中賺得了一棟白壁綠頂的
雙層樓房，房屋還有庭院，庭院裡的那棵高大的七
葉樹和幾棵洋槐樹，每每村民們哼唱的民歌從遠處
傳來，樹葉就會沙沙作響。生活在此境裡易生情，
可是，此境離莫斯科過於遙遠，想在音樂上大展鴻
圖，就不能距離莫斯科過於遙遠。1901 年，10 歲的
普羅高菲夫再度來到莫斯科，在著名的俄國作曲家
塔涅耶夫面前，信心十足地彈奏自己的作品 ──
歌劇《無人島》的序曲，得到了作曲家的肯定，並
將少年普羅高菲夫介紹給基輔音樂學院的格里埃
爾。跟格里埃爾學了兩年鋼琴和作曲後，普羅高菲
夫沒有選擇家鄉的音樂學院，而是遠赴聖彼得堡。
大概，從那個時候起，就有一個念頭深築在普羅高
菲夫的心裡：機會稍縱即逝，必須牢牢抓住。

　　毫無疑問，普羅高菲夫也懂得，能否抓住機
會，還得看自己有沒有抓住機會的能力，所以，10
年間聖彼得堡音樂學院的學子生涯，無論是閱讀還
是練琴，普羅高菲夫都孜孜不倦。1914 年音樂學院
畢業前夕，他就在帶有比賽性質的畢業演奏會上演
奏了自己 2 年前創作的《第 1 鋼琴協奏曲》和巴哈
的《賦格》，獲得一等獎。

　　普羅高菲夫的自信被這個一等獎推送到幾近自負的地步，然而，6 月的倫敦之行，他聽到了同胞史特拉汶斯基的《火鳥》和《春之祭》，以及法國作曲家拉威爾[36]的《達夫尼和克羅伊》（*Daphnis and Chloe*），剛蓬勃起來的信心就被他自己藏掖起來。莫斯科舞團的達基列夫既霸道又識才，在聆聽普羅高菲夫的《第 2 鋼琴協奏曲》時，馬上就聽到了他的才華，邀約他為舞團的作品作曲。私下，達基列夫還有個想法，用普羅高菲夫制衡因作品風光而驕傲的史特拉汶斯基。達基列夫的伎倆讓俄羅斯兩位同時代的偉大作曲家互相猜忌了一輩子。

　　離開倫敦以後，普羅高菲夫又去過一趟羅馬，理查·史特勞斯[37]、德布西、拉威爾這些西方世界裡如雷貫耳的作曲家們讓他認為音樂事業的重鎮在西歐。1917 年的俄羅斯，紛亂不堪，普羅高菲夫判斷，如果自己繼續留在祖國，而不是像史特拉汶斯基、拉赫曼尼諾夫那樣走出國門，踏足西方世界的音樂圈，恐怕前途堪憂。經過慎重考慮，他決定去美國。

　　盧那察爾斯基[38]在聽過普羅高菲夫的作品音樂

36　拉威爾（Joseph-Maurice Ravel, 1875 ～ 1937），法國作曲家和鋼琴家。法國樂壇中與克勞德·德布西齊名的印象樂派作曲家。他的音樂以纖細、豐富的情感和尖銳著稱，同時也被認為是 20 世紀的主要作曲家之一。

37　理查·史特勞斯（Richard Georg Strauss, 1864 ～ 1949），德國作曲家、指揮家。

38　盧那察爾斯基（Anatoly Lunacharsky, 1875 ～ 1933），俄羅斯馬克思主義革命

會後，面對普羅高菲夫去美國的請求，這位蘇維埃人民教育委員對普羅高菲夫說：「你是音樂方面的革命家，我們是現實生活的革命家，我們應該攜手合作才對。不過，假如你堅持一定要去美國，那我也不阻撓你。」後來，普羅高菲夫用行動證明，盧那察爾斯基的這句話猶如一枚釘子，嵌進了他的頭腦裡。

普羅高菲夫

1918 年 5 月，普羅高菲夫離開聖彼得堡。他以為很快就能抵達他嚮往的美國，結果遭到傲慢的美國政府拖延。為了辦理赴美的入境手續，普羅高菲夫迫不得已地在日本滯留了 2 個月，再啟程已是 8 月 2 日。從橫濱到舊金山的輪船在大洋裡行走了一個多月，才在秋天時節到達目的地舊金山。一番周折後，又被顛簸的旅途折騰得昏昏沉沉的普羅高菲夫已經非常惱怒了，卻又被美國當局送到外國人拘留所裡。三天後，當移民局官員確認普羅高菲夫沒有攜帶炸彈、禁書這些可能會危害美國的東西後，讓他上岸，此時，普羅高菲夫惱羞成怒卻又無處發洩，身無分文的窘

家、蘇俄首任國民教育人民委員會委員，負責文化教育。在整個事業中，他曾積極參加了藝術批評並擔任過記者。

迫更讓他英雄氣短，於是，到達紐約後讀到《紐約時報》（*The New York Times*）上刊登的一則消息「史特拉汶斯基以後最有前途的俄羅斯作曲家來到美國」，都無法讓普羅高菲夫興奮起來。

不順並沒有到此為止。普羅高菲夫發現，美國完全不同於他的祖國，沒有金錢，也沒有背景，他的音樂事業在美國舉步維艱，更不要說在美國音樂廳裡推出自己的新作品了。無計可施之下，普羅高菲夫只能採取舉行系列演奏會的方法解決經濟問題。

卡洛琳娜·考琳娜[39]是西班牙人，為學歌唱藝術來到美國邊工作邊讀書。1918年11月的某一天，銀行職員卡洛琳娜去卡內基音樂廳聆聽鋼琴獨奏音樂會，被臺上演奏風格粗獷的俄羅斯鋼琴家吸引。天下就有這麼巧合的事情，幾天後，普羅高菲夫去銀行辦事，正好遇到了在那裡上班的卡洛琳娜，他們開始祕密約會。

舞臺上的粗獷，是一種討人喜歡的風格。將粗獷移植到生活中，往往會變調成粗魯。也是從蘇聯流亡到美國的小提琴演奏家米爾斯坦不只一次與普羅高菲夫同桌就餐，多年以後回憶起這位偉大的作曲家，除了覺得他言語粗魯外，「油脂濺到衣服上，

39　卡洛琳娜·考琳娜（Carolina Codina, 1897～1989），西班牙歌唱家，普羅高菲夫首任妻子。藝名：琳娜（Lina Llubera）。

嘴角堆著泡沫」是普羅高菲夫留給米爾斯坦最深的印象。與普羅高菲夫戀愛四年，他個性中不知從何而來的粗鄙難道沒有在卡洛琳娜面前流露出來過？怎麼可能！有一次，因為臨時走不開，卡洛琳娜取消了與普羅高菲夫的約會，普羅高菲夫粗暴地回應：我可不能保證不去找別人。卡洛琳娜當然深切感受到了普羅高菲夫粗魯的一面，然而，一個尚未被社會認可的歌唱演員，被一個前途無量的作曲家愛上了，卡洛琳娜還有什麼好說的？頂多趁普羅高菲夫情緒不錯時提醒他，這個時候，普羅高菲夫通常會非常愉快地接受戀人的批評。

　　一個在銀行工作的同時學習歌唱藝術，一個在美國、歐洲來回穿梭巡迴演出，轉眼之間，兩人相戀已經四年了。此時，卡洛琳娜已經登上了歌劇舞臺，在卡爾卡諾劇院扮演《弄臣》中的吉爾達時，幫自己取了一個藝名——琳娜，希望這個朗朗上口的名字能很快被觀眾記住。生活安定下來之後，琳娜希望普羅高菲夫盡快娶她，然而，透過巡迴演出聲名大噪的普羅高菲夫無意馬上結婚，這讓琳娜很生氣。她威脅普羅高菲夫，倘若不結婚就分手，普羅高菲夫聳了聳肩，算是回答了琳娜的威脅。

　　對兩人的感情來說，這是一個很不好的信號，但琳娜沒有太在意，還是在 1923 年 10 月與普羅高

普羅高菲夫和第一任妻子琳娜

菲夫結婚。從這之後的 12 年，已經成為琳娜·普羅高菲夫的女歌唱演員放棄了自己的舞臺夢想，一心輔佐作曲家丈夫，他們住在巴黎，生了兩個兒子。他們的婚姻生活爭吵不斷，可是，從來沒吵過架的夫妻都是假象，普羅高菲夫夫婦的朋友們覺得那很正常。但事實是，很不正常。普羅高菲夫以鄉愁難消為藉口，總是和那些流亡兄弟們喝酒、吃俄式薄煎餅，應酬到深夜，留琳娜一個人在家孤寂地照顧他們的兒子。

　　1988 年 10 月，91 歲的琳娜·普羅高菲夫在德國去世，兒子們從母親的遺物中發現了早年父母之間的往來通信，他們這才知道，從來沒有在他們面前、在他人面前說過父親一個「不」字的母親，曾經被父親這麼粗暴地對待過。普羅高菲夫在某次與琳娜爭吵後這麼寫道：「我對她很生氣，都是她的錯。唯一能讓她明白這一點的方法，就是我自己要保證做到無可指摘。」

　　但是，普羅高菲夫做不到無可指摘。先不說總是以俄羅斯硬漢的名義對琳娜非常粗暴，就是在他賴以生存的音樂界，大

家對他也是負評連連。俄羅斯舞團掌門人達基列夫的狡猾在當時的巴黎藝術圈幾乎人人皆知，但普羅高菲夫還是落入了他的陷阱。在達基列夫的挑唆下，普羅高菲夫先聯手達基列夫手中三位俄羅斯作曲家中的杜肯爾斯基反對史特拉汶斯基，一轉身又聯合史特拉汶斯基反對達基列夫的情人，同時又在日記裡詳盡記錄了達基列夫的細微喜好，以備不時之需。這樣的普羅高菲夫，怎能不讓人指摘？那些指摘過普羅高菲夫的人們，如果知道普羅高菲夫在日記中這樣攻擊他們，指摘會不會變成決鬥？

讓我們看看普羅高菲夫是怎樣攻擊同胞和同行的：

史特拉汶斯基的新古典主義風格，「就像巴哈被水痘弄成破相」。

拉赫曼尼諾夫的《第2鋼琴協奏曲》讓人「無法忍受」。

再來看看他是怎麼評價與他同時代的外國音樂家：

蕭頌黏糊糊的，拉威爾是個酒鬼，德布西像塊肉凍……

這些刻毒的評語可以只寫在日記裡不說出來，

但普羅高菲夫對這些人的態度，或多或少會在與他們交往時流露出來，於是，普羅高菲夫成為巴黎藝術圈不太歡迎的俄羅斯人。這種感覺很不好，這時，他一定想起了早年離開蘇聯時盧那察爾斯基對他說過的一席話，1936 年，他決定回國，回到蘇聯。

琳娜同意他回國的決定嗎？別說琳娜成為普羅高菲夫的妻子後，就幾乎沒有反對過丈夫，即便反對了，她能阻止普羅高菲夫的腳步嗎？當然，她也無法預計，從此，她的命運墜入了深淵。

回到蘇聯以後，普羅高菲夫住進由國家專門配給的住宅，卻沒有讓琳娜與他同住，而是找了一位比琳娜年輕許多的作家米拉·門德爾森[40]同居。

除了《彼得和狼》這部寫給孩子們，進而成為最為人們熟悉的作品外，根據列夫·托爾斯泰的多卷本長篇小說《戰爭與和平》改編的歌劇，是普羅高菲夫最重要的作品之一，而能成就這部作品，米拉·門德爾森的功勞不小，她是劇本的寫作者。一個創作文學劇本，一個為文學劇本譜曲，這種琴瑟和諧的合作，更讓普羅高菲夫堅定了與琳娜離婚的決心。

40　米拉·門德爾森（Mira Mendelson, 1915 ～ 1968），俄羅斯詩人、作家、翻譯家。普羅高菲夫第二任妻子。

　　假如琳娜爽快地在普羅高菲夫起草的離婚協議書上簽字，她之後的命運還會不會那麼慘痛？既然命運無法假設，就讓我們回顧一下，當普羅高菲夫不再把琳娜當自己的妻子後，琳娜遭遇了怎樣的噩夢。

普羅高菲夫和第二任妻子米拉・門德爾森

　　1948 年的某個晚上，在莫斯科寓所裡的琳娜接到一通電話，態度強硬地要她下樓取郵件。心有感應的琳娜慢吞吞地下樓，就被警方以間諜罪和叛國罪的罪名逮捕，並很快被送到西伯利亞服苦役，那年，琳娜已經 56 歲了。還好，三年以後她被釋放。可是，三年的牢獄之災帶給琳娜怎樣的摧殘？與蘇聯當局糾纏了 18 年才得以離開那個早已拋棄她的丈夫的祖國後，琳娜斷斷續續地說過她被捕以後的遭遇：「先是 9 個月的審訊和酷刑，被綁成極其痛苦的姿態。整整 3 個半月不讓她睡覺，還被安慰『不要擔心，當妳感受到警棍的厲害，妳會尖叫得更大聲』。」琳娜彷彿不知道，將她拖入這場噩夢的丈夫、偉大的作曲家謝爾蓋・普羅高菲夫，此時卻與米拉・門德爾森如夫妻一樣繾綣，同時看著史達林的眼色，履行蘇聯作曲家的職責。

普羅高菲夫，俄羅斯畫家彼德·康查洛夫斯基作品

　　上海交響樂團 2010 ～ 2011 年演出季的閉幕表
演，選擇了普羅高菲夫的《第 2 小提琴協奏曲》。
在這場於 2011 年 6 月 25 日舉行的音樂會之前，我
曾到現場聽過鋼琴家彈普羅高菲夫的《第 3 鋼琴協
奏曲》，被演奏者以魔鬼速度敲擊琴鍵的演奏風格

轟炸得頭暈目眩。當然，那不是演奏者的錯，普羅高菲夫的《第 3 鋼琴協奏曲》以「機械的節奏動力、尖銳的和聲和意外的轉折」著稱於世，那麼，《第 2 小提琴協奏曲呢》？當他注目於小提琴時，竟然柔情起來，把鋼琴當打擊樂的普羅高菲夫，還小提琴的是它最本真的不絕如縷。是樂器改變了普羅高菲夫嗎？查查普羅高菲夫的創作年表，我們會發現，《第 3 鋼琴協奏曲》完成於他的第二創作時期，在異國他鄉始終沒有找到能讓自己心安的居所，那種漂泊不定的驚慌和倉皇會流露在作品中，這不足為奇。而《第 2 小提琴協奏曲》則起筆於即將離開的巴黎，回到蘇聯以後用了整整 20 年才完成。那麼，從 1933 ～ 1953 年作曲家去世的 20 年間，普羅高菲夫的狀態一直如他的《第 2 小提琴協奏曲》所宣洩的柔情那麼綿長嗎？那麼，他的柔情只屬於米拉‧門德爾森。從琳娜不肯簽署離婚協議書直到他去世為止，普羅高菲夫都沒有就琳娜為他遭受的不公正待遇給琳娜一個親吻、一個親密的撫慰。

即便如此，琳娜‧普羅高菲夫直到離開這個世界時，都沒有對普羅高菲夫的絕情說過一句重話，「她拒絕相信發生在她身上的事情是真的。」琳娜的德國朋友這樣說。恐怕只有這樣，琳娜才得以在普羅高菲夫死後，又在這個世界上活了 35 年。至於她

不顧一切維護作曲家丈夫名譽的做法，則更加顯現
出：普羅高菲夫是個偉大的作曲家，卑劣的丈夫。

普羅高菲夫墓地，莫斯科新聖女公墓

史特拉汶斯基，以毀滅為樂？

雖有七年之癢，但鮑羅定的《夜曲》經久不衰

天才是上帝最脆弱的孩子

鐵幕堅不可摧？有人穿牆而過

偉大的作曲家，卑劣的丈夫？

鄉愁如潮水，退後一片荒蕪

寫在五線譜上的俄羅斯聲音，從這裡散播出去

一枚棋子？照樣走過全世界

一走近柴可夫斯基，就情怯

愛你入骨，但不承諾永遠

所謂大師，能從錯綜複雜的世俗中犀利地看到必然

城市雕塑：伊爾庫次克的城市記憶

高爾察克：倘有魅力，不在愛情

西伯利亞冰原大遠征：硬幣的兩面

十二月黨人：被貶到邊地也熠熠生輝

教堂處處，慰藉處處

不知道有多少影視作品用了拉赫曼尼諾夫[41]的《帕格尼尼主題狂想曲》（*Rhapsody on a Theme of Paganini*）來當插曲，甚至主題曲？

僅我知道的，就有一部美國電影《似曾相識》（*Somewhere in Time*）和一部韓國電視連續劇《密會》。

拉赫曼尼諾夫

大學生瑞查在畢業典禮上遇到一位神祕的老婦人，老婦人不由分說地送他一支金錶，並要他在典禮結束後去找她。瑞查心生疑竇，雖很想知道老婦人為何送他金錶，但年輕人的生活總是過於豐富，一轉眼，瑞查就把老婦人和那塊金錶忘了。時光匆匆，轉眼間八年光陰流逝，瑞查已經成為一位劇作家。某次他住進一家年代頗為久遠的旅館度假，發現房間牆上張貼著一張相片，上面的女明星很眼熟，突然，他想起了畢業典禮上巧遇的那位老婦人和那支金錶，便開始了尋找之旅。這才發現，他遇到的老婦人就是照片上的女明星，而她就在遇見他的那天晚上辭世了。可是，老婦人臨死前為

41　拉赫曼尼諾夫（Sergei Rachmaninoff, 1873～1943），出生於俄羅斯的作曲家、指揮家及鋼琴演奏家，1943 年臨終前入美國籍。他是 20 世紀最偉大的作曲家和鋼琴家之一。作品甚富俄國色彩，充滿激情、旋律優美，其鋼琴作品更以難度見稱。

什麼要特意趕到瑞查的畢業典禮，並送他一支金錶呢？
原來，瑞查的前身在七十年前曾與女明星相戀過，還在
這家旅館度過良宵。知道真相後，瑞查排除萬難，讓自
己穿越到七十年前，彼時，瑞查比現在還瀟灑，老婦人
則是個明眸皓齒、萬種風情的摩登女郎，他們繾綣得須
臾不能分開，可是，必須穿越才能玉成的愛情無法讓他
們白頭偕老。分手在即，拉赫曼尼諾夫的《帕格尼尼主
題狂想曲》漸漸響起，直至聲震屋宇。

　　如此催情的音樂，怎不叫人淚水漣漣，從此，
我記住了拉赫曼尼諾夫的《帕格尼尼主題狂想曲》。

　　韓劇《密會》是部婚外情，外加姐弟戀的劇
集，這樣的題材聽起來很讓人不齒，但不像一般
韓劇那樣婆婆媽媽，因為格外緊湊 —— 更因為用
了多部古典音樂作品 —— 而被很多非韓劇粉們追
捧。如同古典音樂 MV 的《密會》，先後引用了舒
伯特的《f 小調幻想曲》、莫札特的《第 8 號 a 小調
鋼琴奏鳴曲》、拉赫曼尼諾夫的《帕格尼尼主題狂想
曲》和布拉姆斯的《A 大調間奏曲》。如果說舒伯特
的《f 小調幻想曲》引發了男女主角初見時的悸動；
男主角彈奏的莫札特《第 8 號 a 小調鋼琴奏鳴曲》
徹底擾亂了女主角的芳心，那麼，拉赫曼尼諾夫的
《帕格尼尼主題狂想曲》絕對是《密會》的主題音樂：
愛如潮水，淹沒了兩人之間所有的世俗障礙。

　　我不知道聽過多少次拉赫曼尼諾夫的《帕格尼尼主題狂想曲》，從影視劇中，從音樂會影片裡，從音樂會現場……。那天，觀看紀錄片《悲歌：拉赫曼尼諾夫傳記》，此曲漸漸由弱變強，我依然是從雙臂開始酥麻，直到整個人又一次被俘獲。

　　或許很多人會覺得，拉赫曼尼諾夫的《帕格尼尼主題狂想曲》就是為愛情而寫的，是嗎？不是。這部取材於帕格尼尼《二十四首隨想曲》的作品，寫於 1934 年，離開祖國 17 年的拉赫曼尼諾夫，彼時已經 61 歲，過了花甲之年。俄羅斯人雖然非常崇尚西歐，特別是法國文化，許多作家諸如屠格涅夫、赫爾岑都曾在巴黎長期生活過，但當他們垂垂老矣時，無一不想落葉歸根回到家鄉，拉赫曼尼諾夫也是。1934 年，憑藉自己世界一流的鋼琴演奏水準，17 年前只帶了現金 30,000 盧布和必要的譜子，就悽惶地帶著家人途經瑞典來到美國的拉赫曼尼諾夫，早已有演出經紀人，史坦威是他的鋼琴供應商，愛迪生唱片公司與他簽了約……他已經是一個衣食無憂的資產者，卻無法排遣對祖國的思念，「我離開俄羅斯之後就再也沒有創作欲望了。離開了祖國，也迷失了自我。在這個遠離了我的根、我的民族傳統的流亡國度，我不再想表達我的內心。」所以，《帕格尼尼主題狂想曲》一定是拉赫曼尼諾夫

的鄉愁。那個總在製造話題的霍金，不喜歡此曲，稱其充溢著「俄羅斯的憂鬱」。就算如霍金所言，此曲充滿了俄羅斯的憂鬱，這個總是被祖國溫柔呵護的科學家，怎能體會被祖國放逐的拉赫曼尼諾夫的悲戚？這部作品在遍撒令人眼花撩亂的鋼琴技巧後，突然，在第 18 個變奏時放慢速度，第 18 之前是他鄉的高山流水，而從第 18 開始則是廣闊無垠的俄羅斯大地，在窩瓦河永不停歇的潺潺流水聲的伴隨下，讓人難以忘懷。

拉赫曼尼諾夫之所以成為我最早能背出其名字的外國音樂家，緣於一部電影《琴思》。影片在描述兩代音樂人在戰爭中的坎坷命運時，引用了拉赫曼尼諾夫的故事以及拉赫曼尼諾夫那句聽來讓人肝腸寸斷的話：「我離開俄羅斯之後就再也沒有創作欲望了。離開了祖國，也迷失了自我。在這個遠離了我的根、我的民族傳統的流亡國度，我不再想表達我的內心。」1982 年，我正學著掙脫懵懂，想要看清周遭世界，就記住了這句泣血之言和說這句話的人。

距離我聽到拉赫曼尼諾夫這個名字三十幾年後，我來到了俄羅斯，來到了莫斯科。此行帶著很多想要實現的願望，其中之一就是找一找在莫斯科阿巴特大街上的拉赫曼尼諾夫故居。去列夫·托爾

斯泰莊園是可以大聲宣揚的，而尋找拉赫曼尼諾夫
在阿巴特大街上的故居，則被我小心地藏掖 ——
之前，聽說有人在阿巴特街上走了幾回，問過不少
當地人，都沒有找到拉赫曼尼諾夫的故居。如果宣
稱要去尋找卻最終沒有著落，我會非常難過。

拉赫曼尼諾夫肖像畫，俄羅斯畫家康斯坦丁·索莫夫作品

下午到達阿巴特大街。以我對大都市步行街的

了解，這個時間的阿巴特大街應該最熱鬧，可是，關於俄羅斯因為被西方制裁而日漸蕭條的傳說，似乎都在阿巴特街得到了印證：來回穿梭的彷彿都是遊人，進出商店的好像也都是遊人，只有當地人有時間駐足的咖啡館，空空蕩蕩 ── 就算是處於寒帶，也是 8 月啊！陽光下步履匆匆的話，薄汗還會濡溼單衣，但阿巴特大街的寂寥讓我感覺冷。從參觀者絡繹不絕的普希金故居出來，我拉緊衣襟，加快步伐開始我的尋找。從阿巴特街 53 號開始，往直線深處走去，還時不時轉進旁邊的小巷裡走幾步，不少以藝術為題的塑像，不少以各種藝術方式賺錢的街頭藝人，就是沒有一處明確標示，拉赫曼尼諾夫的故居在哪裡。於是，在被穿成大狗熊樣子的男人硬拉住拍了張照片，又被索取 1,000 盧布後，我很氣憤。氣餒至極時，不遠處傳來清亮歌唱的女聲，循聲望去，只見穿天藍色連身裙的素顏女子，懷抱一把魯特琴在吟唱，硬是將使人瑟瑟的阿巴特大街唱出一絲絲天街的感覺。今天，拉赫曼尼諾夫終身為之努力的音樂以這種方式在他的故居不遠處留存著，對他也是一種安慰，對嗎？

不然，這個國家對這位被世界各地很多樂迷供奉在心裡的作曲家，也太不仁慈了吧！

1980 年代，從 9 歲開始學音樂的拉赫曼尼諾

夫，被聖彼得堡音樂學院的老師告知，他不是音樂
天才。沮喪和灰心之下，拉赫曼尼諾夫只有在堂
哥、柴可夫斯基的情人席洛悌的推薦下到莫斯科學
音樂。離開聖彼得堡是拉赫曼尼諾夫最不願意做出
的選擇，可是，為了音樂又只能如此。1889 年，拉
赫曼尼諾夫考進了莫斯科音樂學院，跟著名鋼琴家
席洛悌學鋼琴、跟著名作曲家塔涅耶夫和阿倫斯基
學作曲，開始接受更為嚴格、正規、系統的教育和
訓練。1891 年和 1892 年，他先後以優異的成績從
鋼琴班和作曲班畢業，從此開始了他獨立的音樂家
生涯。

最初，拉赫曼尼諾夫是以鋼琴演奏家的身分活
躍在俄羅斯，乃至歐洲的音樂舞臺上，就在他以獨
特的演奏方式及深厚的鋼琴造詣得到音樂界和愛好
者們的認同時，家庭變故一下子將他拋入貧困的邊
緣。已經快要舉行婚禮了，他卻還要為婚禮所需資
金寫作 12 首歌。逆境促人成功，漸漸地，人們開始
接受拉赫曼尼諾夫也是作曲家的事實，而拉赫曼尼
諾夫也希望透過一部大作品來鞏固自己作曲家的地
位。1895 年，拉赫曼尼諾夫的《第 1 交響曲》問世，
但在 1897 年的首演中慘遭滑鐵盧。一位俄羅斯音樂
家這樣評論拉赫曼尼諾夫的這部作品：如果地獄需
要一位作曲家，那麼拉赫曼尼諾夫最適合。各種非

議讓拉赫曼尼諾夫異常痛苦，他索性丟開紙和筆，開始專注演奏和指揮，一時成為歐洲古典音樂舞臺的寵兒。

被人認同總是讓人愉悅的，心情大好的拉赫曼尼諾夫重新嘗試作曲。1901 年，拉赫曼尼諾夫作品中最為人稱道的《第 2 鋼琴協奏曲》誕生。這部由作曲家自己擔綱首演的作品，從一開始就用弦樂奏響的動人旋律攫住了樂聽者的耳朵、心靈乃至記憶。是的，最偉大的音樂家都很難做到 —— 當一個旋律在初聽者的耳旁一閃而過數分鐘以後，還能被這位初聽者哼唱出來。但拉赫曼尼諾夫的《第 2 鋼琴協奏曲》起始部分的這段弦樂，相信會讓所有願意坐下來聽一聽的人過耳不忘。第 1 樂章、第 2 樂章、第 3 樂章，它們宛若作曲家為樂聽者打開的一扇扇窗戶，每扇窗外的風景都很怡人，於是，我們就目不暇接了。

作曲家拉赫曼尼諾夫成功了！

但是，拉赫曼尼諾夫想以作曲家和鋼琴家的身分安靜地忙碌在阿巴特大街的家裡或家鄉伊凡諾夫卡直到終老的願望，卻沒能實現，戰亂來了。社會秩序反轉以後，「劇院裡坐滿了觀眾……大廳裡全是無產者，他們從來不曾見過芭蕾，都打著哈欠等著演員說話。」（費德洛夫斯基《俄羅斯芭蕾舞祕

史》）這樣的劇場效果太讓拉赫曼尼諾夫疑惑、傷心和不滿了，1917 年下半，沒有人逼迫，只是拉赫曼尼諾夫覺得，祖國的環境已經不能成全他做一個作曲家和鋼琴家的意願，於是只好攜家帶眷倉皇出走，先斯德哥爾摩，後紐約。

紐約如他 1909 年首次踏足時一樣，車水馬龍、紛亂雜遝，那時古斯塔夫·馬勒還在世，都無法讓拉赫曼尼諾夫喜歡上這裡。現在，馬勒已經帶著他的不安和疑慮去了天堂，拉赫曼尼諾夫就更沒有喜歡紐約的理由了，可殘酷的現實是：有妻子和 2 個女兒的他，卻已負債累累。拉赫曼尼諾夫只有使出自己彈奏鋼琴的絕招，幫助家庭盡快在美國站穩腳跟，甚至過上衣食無憂的生活。後來，人們統計過，從 1917 年他離開祖國到 1943 年去世，僅在美國，拉赫曼尼諾夫擔綱的音樂會就超過了 1,000 場，這是怎麼辦到的啊？這樣的演出強度，累壞了拉赫曼尼諾夫的手指，晚年，他總是抱怨自己的手沒有力氣，連自己的前奏曲都彈不好。

其實，他更想抱怨的，就是到了美國之後，自己的創作再度陷入低潮，除了零敲碎打的幾個小作品外，沒有像樣的作品問世。外界評論，是過於頻繁的音樂會剝奪了他思考和創作的時間，但只有拉赫曼尼諾夫自己知道為什麼。

　　1931 年，流亡在國外的俄羅斯知識分子在《紐約時報》上聯名發表了一篇文章，「任何時候、任何國家都不存在這樣一個政權犯下如此多的暴行，都是布爾什維克在作惡，他們是職業屠殺者」，文章中這樣的字眼深深地刺激了史達林與他的政府，署名其上的拉赫曼尼諾夫，他在伊凡諾夫卡的家被徹底拆毀，音樂家本人很清楚，這等於他的祖國在告訴他，祖國的大門已經永遠向他關閉。就算是在紐約羅德島的家裡請了俄裔管家、俄裔廚師、俄裔司機，又能怎樣？拉赫曼尼諾夫說：「我離開了我的祖國。在那裡，我忍受過我青年時期的悲傷，並和它搏鬥。在那裡，我獲得了巨大的成功。現在，全世界都對我開放，到處都是成功在向我招手。但是，只有一個地方，只有一個地方我回不去，那就是我的祖國，我出生的那片土地。」

　　祖國的棄絕，讓拉赫曼尼諾夫的思鄉之情越發濃烈；祖國的棄絕，讓拉赫曼尼諾夫無心，也無意再在五線譜上書寫對家鄉、對親人的思念。鄉愁如潮水，退後一片荒蕪，沒有一部作品可以代言彼時拉赫曼尼諾夫心中無盡的苦楚。

　　1934 年，拉赫曼尼諾夫在瑞士琉森（盧森）的謝娜找到一處面向大海的山谷，他毫不猶豫地在這裡大興土木，很快就把家從美國搬到了這裡。住進

拉赫曼尼諾夫雕像．莫斯科

謝娜的新居後，他在心裡丈量了一下距離家鄉的路途，謝娜顯然比紐約近了許多，內心竟然馬上安寧下來，《帕格尼尼主題狂想曲》橫空出世。有人說，拉赫曼尼諾夫的這部作品「那麼動人的旋律卻一直往上攀登，已經到山頂了還不肯甘休，結果只能是聲嘶力竭」，那是因為，評論者的鄉愁沒有拉赫曼尼諾夫的苦澀、悠長和濃烈。

當大家都認為拉赫曼尼諾夫的第三度創作高峰將在謝娜持續下去時，第二次世界大戰來了，歐洲、瑞士、琉森（盧森）、謝娜再也待不下去了，拉赫曼尼諾夫只好攜家人再度回到美國。1943 年，在遠到感覺不到祖國心跳的紐約，拉赫曼尼諾夫的心跳永遠停止，因為戰爭，家人無法幫他完成夙願安葬在謝娜，而是長眠於紐約瓦爾哈拉。

「我的音樂或許是深夜裡那漫長而黑暗的終曲」。可是，拉赫曼尼諾夫與祖國共有的天空黑夜過於漫長，直到今天，祖國似乎都沒有跟拉赫曼尼諾夫講和，不然，祖國怎麼會讓莫斯科阿巴特大街上他的故居隱匿得讓人無法找尋？如此，在伊凡諾夫卡重建起來的拉赫曼尼諾夫的舊居就像是個笑話，那簇新的綠和簇新的白，怎麼配得上作曲家借助帕格尼尼的舊作所抒發的排山倒海的鄉愁？

寫在五線譜上的俄羅斯聲音，從這裡散播出去

　　每個愛樂者都有自己開始迷戀上古典音樂的鑰匙。我的鑰匙是一張魯賓斯坦彈奏蕭邦《夜曲》全集的唱片。在得到這張唱片之前，我還沒有搞清楚夜曲、馬厝卡舞曲、波羅耐舞等蕭邦所擅長的舞曲之間的千差萬別，但喜歡鋼琴的叮咚聲由來已久。得到那張唱片是在初夏，傍晚我就將唱片塞進播放機裡。如小溪般清亮，因為沉澱太多的記憶，所以流淌得特別緩慢，清溪也就有了濃酒的功力。微醺中，我感覺自己漂浮起來，是酣睡前身體的各個部位都極為妥帖的狀態。就在這時，宛若仙樂一樣的聲音響起，它太好聽了，刺激得我坐了起來，拿起唱片封套，對應到此曲名叫《降 E 大調作品第 9 號》後，一遍遍地只聽此曲。大概在兩個星期之後，我命令自己嘗試聆聽唱片中蕭邦的其他作品，奇蹟發生了：第一次聽時未覺怎樣，此番重聽竟然曲曲入耳、入心。為了隨時能聽到魯賓斯坦彈奏的蕭邦夜曲，我索性將唱片轉錄到 iPod 裡。某年秋天去看法蘭克福書展途徑巴黎，只在圖片上見識過的艾菲爾鐵塔、羅浮宮突然就在幾步之遙，我興奮得到巴黎的那晚一分鐘都沒有睡著，凌晨 5 點半，索性起身在巴黎的街頭慢跑，iPod 就在口袋裡，播放的就是蕭邦的《夜曲》。

　　從此開始追隨古典音樂，它讓我找到了又一個

靈魂的寄放處。在那時我就發願，可能的話，要到離魯賓斯坦最近的地方感謝他。巨匠已逝，離他最近的地方就是他曾踏足過的地方，而音樂廳一定是不二選擇。因為舞臺上的大師或巨匠傾心一刻的表演，現場才是古典音樂愛好者隱祕又心照不宣的歡聚之所。

有怎樣的音樂廳決定有怎樣的現場品質，而現場品質又決定著樂迷們的歡樂度。

有了這樣的體會，後來有可能自己去歐洲各處走走時，每到一個地方，我都會去尋找當地的大劇院或音樂廳。

維也納的金色大廳在此地早已名聲大噪，但它就「站」在維也納的一個街角，很不起眼。據說，金色大廳裡的陳設也很陳舊，倒不是奧地利沒有錢整修，他們曾經將大廳裡的地板換成新的，結果音效大不如前，只好又將老地板換回去。

捷克國家大劇院坐落在夫爾塔瓦河（摩爾道河）旁查理大橋邊，一座長方體的淺褐色建築頂著一個金色的屋頂，只是經歷了風吹雨打後金頂已然暗淡，但這座大劇院卻因史麥塔納和德弗札克而為全世界樂迷所嚮往。1990 年，在剛剛擺脫極權主義和外國勢力的捷克，舉行了以 1968 年那次改革運動來命名的盛大活動 ——「布拉格之春音樂節」。在

包括捷克新總統哈維爾在內的全場觀眾掌聲中，闊別祖國 42 年的捷克著名指揮家拉斐爾‧庫貝利克[42]登上了指揮臺。從庫貝利克的指揮棒下流出史麥塔納《我的祖國》的旋律，是再次響起的一個苦難民族的聲音。庫貝利克的心、哈維爾的心、全場觀眾的心、一個民族的心隨著伏爾塔瓦河（摩爾道河）流淌。演出過程中，庫貝利克努力壓抑著自己積聚了 40 多年的情感，一曲終了，這位 76 歲的老人還是禁不住老淚縱橫。這一幕，讓捷克國家大劇院更加富有魅力。

我去看法蘭克福歌劇院，是在早晨。布幔將大劇院圍得密不透風，它的樣子我們只能透過噴塗在布幔上的「倩影」略微了解——它在大修。第二次世界大戰期間，法蘭克福歌劇院幾乎被炸毀，在很長一段時間裡，它一直以廢墟的模樣殘留在法蘭克福街頭，以警示德國人民，戰爭的加害者同樣也是受害者。到了 1970 年代，法蘭克福全民投票後決定重建老歌劇院，不過，依照的是原來的模樣：外形是古希臘風格，圓拱形窗戶是後文藝復興風格，內部是富麗堂皇的巴洛克風格。不過，我去看它的時候，只能隱約看到希臘風格的外形。但是，廣場圓柱上張貼上個演出季的資訊還在，我不甘心地一

---

42 拉斐爾‧庫貝利克（Rafael Jeroným Kubelík, 1914 ～ 1996），捷克指揮家、作曲家。

張張看過來，發現幾乎每場音樂會的門票都只要 20 歐元。

可惜的是，我的假期多半在歐洲大劇院、音樂廳的休整期。除了在維也納的莫札特公園裡聽過一場以維也納愛樂為名的莫名其妙的音樂會外，我與這些大劇院、音樂廳裡的頂尖音樂會全部擦肩而過，以至於在去俄羅斯之前，我差點忘記查找莫斯科大劇院的資料。匆忙中到，魯賓斯坦與莫斯科大劇院有著千絲萬縷的關係，我不由得興奮起來：一定要到莫斯科國家大劇院門前站一站，以感謝魯賓斯坦將我領進欣賞古典音樂的大門。

在莫斯科的幾天裡，我們的車幾次從大劇院門前經過，倘若不是有人指點，我真不以為那就是聞名全世界的莫斯科大劇院。

這家大劇院之所以能夠聞名遐邇，是因為以編舞精粹、舞姿典雅、舞技絕佳為特點的俄羅斯芭蕾，幾乎每部作品都是在這裡成形、成熟、成功的。《天鵝湖》、《胡桃鉗》、《睡美人》……200 多年的累積，使芭蕾舞成為莫斯科大劇院的金字招牌。

如果願意將古典音樂放到視野裡去打量莫斯科大劇院，我們會發現，古典音樂的莫斯科大劇院，一點也不遜色於芭蕾的莫斯科大劇院，聽聽這些名字：柴可夫斯基、穆索斯基、普羅高菲夫、葛令

卡、拉赫曼尼諾夫、鮑羅定……因此，我不揣冒昧
地猜想：如果沒有莫斯科大劇院，這些作曲家的作
品可能就沒有發布的最佳場所，那麼，古典音樂的
世界還會不會是今天這樣的格局 ── 德、奧和俄
羅斯分庭抗禮？

向全世界傳播俄羅斯音樂的莫斯科大劇院

　　乳白色是這座歌劇院的主色調,門前豎立著 8 根古希臘愛奧尼亞式的圓柱,每根高 15 公尺,讓柱廊式的正門更見雄偉壯麗。而門頂上的四駕青銅馬車,由阿波羅神駕馭,氣勢磅礴。恰巧又是劇院休整期,莫斯科大劇院的大門緊閉著,我站在高大的柱廊裡,視野並不比坐在車裡時更加開闊,美麗的圓柱擋住了我的視線,看不見大劇院的全貌。但是,我看到了自己犯的錯誤。

　　沒錯,是有一個魯賓斯坦與莫斯科大劇院有著千絲萬縷的關係,但不是賜予我打開古典音樂大門鑰匙的鋼琴家阿圖爾·魯賓斯坦[43],而是俄羅斯作曲家、鋼琴家安東·魯賓斯坦[44]。

　　只是,作曲家安東·魯賓斯坦和鋼琴家安東·魯賓斯坦都不能躋身世界一流,現在,我們一說到音樂界的魯賓斯坦,總是指波蘭的鋼琴演奏巨匠阿圖爾·魯賓斯坦。是莫斯科大劇院告訴我,著名的音樂家中姓魯賓斯坦的至少有三位,還有一位是安東的弟弟尼古拉·魯賓斯坦[45]。

43　阿圖·魯賓斯坦 (Arthur Rubinstein, 1887 ～ 1982),美籍波蘭裔猶太人,著名鋼琴演奏家,生於波蘭武次,是 20 世紀最傑出、也是「藝術生命」最長的鋼琴家之一,常被世人尊稱為「魯賓斯坦大師」。

44　安東·魯賓斯坦 (Anton Rubinstein, 1829 ～ 1894),俄羅斯鋼琴家、作曲家及指揮家。

45　尼古拉·魯賓斯坦 (Nikolai Rubinstein, 1835 ～ 1881),俄羅斯鋼琴家、作曲家。他是安東·魯賓斯坦的弟弟,也是柴科夫斯基的好友。

尼古拉（左）和安東（右）‧魯賓斯
坦兄弟

安東‧魯賓斯坦肖像畫，列賓作品

　　1829 年 11 月，安東‧魯賓斯坦出生
在一個有文化的猶太人家庭，幼年便顯現
出過人的音樂才華，10 歲時開始以鋼琴演
奏者的身分遊歷歐洲，認識了蕭邦、李斯
特、孟德爾頌等音樂界的巨擘。從音樂的
實踐者轉型為音樂家管理者的種子，就是
在那時埋下的嗎？

　　1859 年，在異國他鄉巡演多時的安東‧魯賓斯坦回國，定居在聖彼得堡，開始了他一生中最重要的音樂事業──創辦俄羅斯音樂協會。有這位當時在歐洲最負盛名的俄羅斯音樂家的宣導，俄羅斯音樂協會很快成立並開始活動。安東‧魯賓斯坦無疑是協會的中堅，指揮協會在聖彼得堡舉辦交響音樂會，還以獨奏家的身分參與交響樂演奏會和室內樂演奏會。音樂活動在聖彼得堡興盛起來後，安東‧魯賓斯坦開始意識到當地音樂人才的缺乏，就主持協會開設「音樂班」，不久，這個班在 1862 年改建為俄國歷史上第一所音樂學院，即現在的聖彼得堡音樂學院，由他親自擔任院長。在安東‧魯賓斯坦的領導之下，音樂學院很快達到很高的水準，吸引到像柴可夫斯基這樣才華卓絕的學生入學，並成為學院的第 1 屆畢業生。這讓魯賓斯坦更意識到專業音樂人才的價值，於 1866 年與兄弟尼古拉‧魯賓斯坦一起在莫斯科創辦了莫斯科音樂學院，使之直到今天都是俄羅斯音樂活動的重鎮──1986 年 4 月，去國 60 載、已經 82 歲的世界頂級鋼琴大師霍洛維茲克服種種障礙，回到祖國開獨奏音樂會，選擇的就是莫斯科音樂學院的大禮堂，莫斯科音樂學院因此更加榮耀。1986 年 4 月 20 日，莫斯科下雨。4 月的莫斯科，寒冬的餘威尚在，許多沒有得到音樂會門票的莫斯科人就站在莫斯科音樂學院的禮堂外，

「聆聽」了整場霍洛維茲的鋼琴獨奏音樂會。其實，他們什麼也聽不見，他們那樣「聆聽」，是想在日後告訴他人，「那天，我在那裡。」

在他故去近一個世紀之後，一場意義非凡的音樂會選擇了他創辦的音樂學院，安東·魯賓斯坦地下有知，會不會倍感欣慰？不過，更讓他喜出望外的，一定是那些站在禮堂外「感受」一場音樂會的莫斯科人，100 多年前，他戮力創辦音樂協會和音樂學院，不就是為了讓音樂能夠滋養更多的俄羅斯人嗎？所以，儘管與堅持民族主義風格的「俄國五人組」在音樂理念上有巨大的分歧，安東·魯賓斯坦卻從來沒有放棄過與穆索斯基他們同臺來呈現音樂的機會，他在莫斯科大劇院擔任鋼琴獨奏或指揮樂隊演出，與「俄國五人組」一起，讓俄羅斯音樂的作品風格既駁雜又絢爛。

讓音樂之花像在德、奧大地一樣在俄羅斯盛開，安東·魯賓斯坦的願望已經成為現實。今天，我們可以假裝看不見白銀時代的俄羅斯文學有多麼輝煌，但誰都無法忽略俄羅斯的音樂作品，哪怕在德、奧這兩個古典音樂發祥的國家，音樂廳裡時常會響起柴可夫斯基、拉赫曼尼諾夫、普羅高菲夫、史特拉汶斯基等寫在五線譜上的聲音。這些聲音，也許不像巴哈、貝多芬、布拉姆斯的聲音那般如雷

貫耳，就像夜幕下的莫斯科大劇院，素淨的射燈裡，它的模樣遠不如紅場的夜景那般流光溢彩，但誰又能忽視就在紅場不遠處的這座藝術聖殿呢？

安東・魯賓斯坦墓地，位於聖彼得堡季赫溫公墓

一枚棋子？照樣走遍全世界

大衛·歐伊斯特拉赫

　　回家以後，我才知道大衛·歐伊斯特拉赫[46]也被葬在莫斯科新聖女公墓，擦肩而過的痛悔，不能言說。

　　君生我未生，我來君已走。與大衛·歐伊斯特拉赫的緣分，只是一小疊唱片，沒有在他的墓前深鞠一躬表達我的敬意和謝意，回來不是照樣聆聽他弓下弦上的貝多芬、西貝流士和柴可夫斯基嗎？

　　很小的時候，每每看見奶奶在大暑節氣裡拿出

46　大衛·歐伊斯特拉赫 (David Fyodorovich Oistrakh, 1908～1974)，蘇聯猶太裔小提琴家。

壓在箱底的寶藍色壽衣暴晒，我都會撇嘴：迷信！
而今，馬齒徒長，我越來越相信人的肉身可以灰飛
煙滅，但靈魂永在，漂浮在愛過他們的我們四周，
只等我們無助時，伸出援手。德國著名的兒童文學
作家米歇爾·恩德[47]的那篇〈奧菲利婭的影子劇院〉
（*Ophelia's shadow Theatre*），我在中年時讀到，真是
感慨萬分：曾經在劇院舞臺上忙碌過的角色們變成
亡靈後，能如此幫助陷於困窘中的劇院售票員奧菲
利婭，他們以此回報前世的溫情，豐潤至極。

　　我如果能夠在大衛·歐伊斯特拉赫的墓前深鞠
一躬，回來再聽他的唱片，那麼，他的《貝多芬小
提琴協奏曲》為什麼在恢宏之外多了一些小心翼
翼？他的《西貝流士小提琴協奏曲》為什麼在冷峻
之外多了不少超拔？他的《柴可夫斯基小提琴協奏
曲》為什麼在大河奔流之外多了許多再回首？這些
問號會不會就有答案？不知道。

　　就像在同學家第一次聽他的唱片時，我不知道
他會成為我這麼多年來不離不棄的小提琴演奏家
一樣。

　　我的大學同學池先生，3 年級時轉而投向古籍
整理，卻有著與職業選擇看似風馬牛不相及的業
餘愛好，古典音樂。大學畢業之後，池先生留校

47　米歇爾·恩德（Michael Ende, 1929 ～ 1995），德國奇幻小說和兒童文學作家。
　　以《說不完的故事》聞名於世。

任教，老師的職業習慣使然，他很願意我
們去他家聽他講古典音樂，聽他收藏的唱
片。聆聽柴可夫斯基小提琴協奏曲的「那
堂課」，海飛茲、安娜──蘇菲·穆特、
柯岡、鄭京和……我獨獨對封面上有著肥
碩男人的那張唱片最有感覺。該死的是，
我就是記不得他的名字，已經不知道問第
幾遍「他是誰」了，一起聆聽的舊日同學忍
不住嬉笑起來，我這才記住，這個身材臃
腫、臉部與脖子之間失去分割線、髮際線
嚴重後退的胖子，名叫大衛·歐伊斯特拉
赫。在這之前，我所喜歡的音樂家都很清
臞，如海飛茲、拉赫曼尼諾夫、伯恩斯坦
……聽過大衛·歐伊斯特拉赫的《柴可夫斯
基小提琴協奏曲》後，我在很長一段時間
裡到處尋找他的唱片，他莊重而不失熱情
的演奏徹底俘獲了我，以至於我完全顧不
得去計較他的長相。

梅紐因

　　但是，我聽到了他和梅紐因[48]合作的
《巴哈雙小提琴協奏曲》。

　　生於 1916 年的梅紐因站在生於 1908 年
的歐伊斯特拉赫身邊，8 年竟使二人看起來

48　梅紐因（Yehudi Menuhin, Baron Menuhin, 1916～1999），美國猶
　　太裔小提琴家、指揮家。

有著隔代的差距。已經深深愛上大衛‧歐伊斯特拉赫琴聲的我，覺得是美國人過於清瘦才讓燕尾服下肚子高高隆起的歐伊斯特拉赫風度盡失，於是在心裡說：聽聽吧！聽誰更能傾訴衷腸。琴聲來了，先是梅紐因，弓弦之間，清亮的旋律如澄明的天空，聆聽者的眼睛像是被琴聲擦拭過了，再看周遭，一片清澈。聽到這裡，我不免著急：有這樣的梅紐因打底，大衛‧歐伊斯特拉赫怎麼辦？這個胖子，下弓真是狠，我以為將要聽到伯牙摔琴之音，沒有想到弓觸弦的剎那，力量被演奏者狠狠地收住了，於是琴聲遼闊，音樂溫厚起來，剎時我明白了，高傲的美國人梅紐因怎麼肯站在蘇聯人大衛‧歐伊斯特拉赫的身邊。

梅紐因是否有過跟我一樣的疑惑，生於 1908 年，卒於 1974 年的大衛‧歐伊斯特拉赫怎麼會成為世界一流的小提琴演奏家？9 歲那年，十月革命爆發，1974 年，蘇聯還處於布里茲涅夫統治之下——全世界已有共識，蘇聯時期沒有藝術，不然，史特拉汶斯基、拉赫曼尼諾夫怎麼會遠走他鄉？出走以後又回歸的普羅高菲夫怎麼會沒有像樣的新作問世？蕭斯塔科維契怎麼會在自傳裡表現得那麼膽戰心驚？羅斯特羅波維奇怎麼會被開除國籍？為什麼霍洛維茲要冒險投奔遠方直到垂垂老矣

才回家？

　　與這些流亡藝術家相比，大衛‧歐伊斯特拉赫是個異數，在音樂愛好者父親和歌劇院合唱團員母親的薰陶、感染下，他從小就表現出對音樂的敏感。5 歲便跟隨著名音樂教育家彼得‧斯托利亞爾斯基學小提琴，12 歲就開始登臺演出，1926 年從敖得薩音樂學院畢業。19 歲因受作曲家本人邀請與列寧格勒愛樂樂團合作演奏葛拉祖諾夫的小提琴協奏曲而在國內名聲大噪。1934 年，大衛‧歐伊斯特拉赫進入莫斯科音樂學院任教，是年，他 26 歲。早早便功成名就的他並沒有故步自封，一輩子在小提琴上「耕耘」的他，少見其有著述存世，但在朋友們的記憶裡，他是一個敏而好學的謙遜之人。在俄羅斯豐厚的文化傳統滋養下，大衛‧歐伊斯特拉赫形成了自己獨有的演奏風格：在精準的技巧輔佐下，總能將曲目表現得充滿詩意。純樸、莊重又富於熱情的琴聲中，總能讓聆聽者感受到深不可測的情感內涵：仁厚又博愛。這樣的評價，不是蘇聯對自己「產出」的小提琴演奏大師的自誇，而是大衛‧歐伊斯特拉赫所到之處輿論給予的評價。是的，在大衛‧歐伊斯特拉赫始於 19 歲的演奏家漫長生涯中，他的足跡遍布歐洲、美國乃至中國。

　　我們先來看看大衛‧歐伊斯特拉赫所獲獎項分

布的地域：1930 年獲烏克蘭小提琴比賽一等獎，
1935 年榮獲蘇聯小提琴比賽一等獎，1936 年獲維尼
奧夫斯基[49]小提琴競賽二等獎，1947 年榮獲第二次
世界大戰後首屆布魯塞爾國際小提琴比賽一等獎，
1949 年在國際伊撒意小提琴比賽中獲得第一名……

再來看看演奏家大衛·歐伊斯特拉赫的足跡：
1953 年第一次到巴黎演出，1954 年到西德和英國
倫敦演出，1955 年到美國紐約卡內基音樂廳演出，
1957 年到中國演出……1974 年 10 月 24 日，66 歲
的歐伊斯特拉赫到荷蘭阿姆斯特丹演出，突發心臟
病發，客死他鄉。

一個小提琴演奏家將自己在人間的最後一個腳
印留在異國他鄉，可見，大衛·歐伊斯特拉赫生前
在世界各地的演出有多繁忙。冷戰時期，蘇聯與全
世界的關係是「雞犬聲相聞，老死不相往來」，卻讓
大衛·歐伊斯特拉赫走遍全世界，這的確是個叫人
費解的特例。於是，有人說，大衛·歐伊斯特拉赫
被蘇聯政府當成了棋子，與西方世界挑釁。也許，
當他的同胞、小提琴演奏大師內森·米爾斯坦[50]在十
月革命以後，借出國演出之際選擇去美國，並被西

---

49 維尼奧夫斯基（Henryk Wieniawski, 1835 ～ 1880），波蘭作曲家、小提琴家。
50 內森·米爾斯坦（Nathan Milstein, 1904 ～ 1992），烏克蘭裔美國小提琴家，
以其出色的巴哈演繹而聞名於世，有「小提琴貴族」之稱，此外他的浪漫派
曲目詮釋亦為人稱道。

方世界大肆宣傳以後，蘇聯政府祭出大衛・歐伊斯
特拉赫與美國抗衡，也是情理之中的事情。

　　事實上，冷戰時期，美國不也將自家的藝術家
拿出來作為與社會主義陣營龍頭老大蘇聯「爭風吃
醋」的祭品嗎？

　　弗利德曼[51]，1939 年生於美國紐澤西州的紐華
克，父親是位業餘小提琴手，6 歲開始教他小提琴。
10 歲時正式拜師學琴，1954 年初次在紐約登臺獨
奏。1956 年在卡內基音樂廳演出後開始隨米爾斯坦
學習。1950 年代後期，海飛茲[52] 從頻繁的音樂會演
出中退出，弗利德曼成為他的第一個正式學生。海
飛茲很看重他的才華，曾在 1960 年邀他合作錄製
巴哈的《雙小提琴協奏曲》，這是海飛茲唯一與他人
合作的雙小提琴演奏唱片。此後，弗利德曼開始自
己的音樂會演出生涯，曾與許多樂團和著名指揮合
作。1965 年，他執意要去莫斯科參加柴可夫斯基國
際音樂比賽，回國後受到不公正待遇，小提琴演奏
事業也因此受到影響。不久，弗利德曼的左臂和左
手又在一次交通事故中嚴重受傷，致使其演奏生涯
徹底告終，只好以音樂教學工作維生，直至 2004 年
病故。弗利德曼存世的一張唱片被小提琴愛好者奉
為珍品，的確，唱片中收錄薩拉沙特的《流浪者之

51　弗利德曼（Erick Friedman, 1939 ～ 2004），美國小提琴家。

52　海飛茲（Jascha Heifetz, 1901 ～ 1987），俄裔美籍小提琴家。

歌》（Zigeunerweisen）、維尼奧夫斯基的《傳奇》、
拉威爾的《茨岡狂想曲》（Tzigane）都是帶有弗利德
曼強烈個人印記的錄音。可惜，因 1965 年俄蘇之
行，當局給他的壓力讓他無心戀棧，他很快泯沒於
大師輩出的古典音樂舞臺。

　　以鐵鉗著稱的蘇聯政府一次次放行自己去西方
參加比賽和演出，大衛·歐伊斯特拉赫難道不知道
自己是史達林、赫魯雪夫、布里茲涅夫手裡的棋子
嗎？身形粗壯的大衛·歐伊斯特拉赫，有一顆孱弱
而敏感的心，他剛出道時，曾與鋼琴家歐伯林[53]、
大提琴家史維亞托斯拉夫[54]組過一個三重奏團到歐
洲各地巡演，一時間成為名聲響亮的三重奏樂團。
遺憾的是，史維亞托斯拉夫過早撒手人寰，和諧如
至親的三重奏樂團戛然消亡。大衛·歐伊斯特拉赫
曾經嘗試過再找大提琴演奏家與歐伯林一起重現他
在古典音樂的最高境界 —— 室內樂方面的才華，
可是小提琴、大提琴、鋼琴三足鼎立地出現在排練
廳的剎那，歐伊斯特拉赫就會不由自主地想到離他
們而去的史維亞托斯拉夫，以至於不能自己。歐伊
斯特拉赫只好以與他人合作找不到跟史維亞托斯拉
夫一起時的美妙感覺為藉口，從此不再與人合作演
奏三重奏 —— 這個一往情深的男人，怎會體會不

53　歐伯林（Lev Nikolaevič Oborin, 1907 ～ 1974），蘇聯鋼琴家。

54　史維亞托斯拉夫（Sviatoslav Knushevitsky, 1908 ～ 1963），蘇聯大提琴家。

大衛‧歐伊斯特拉赫作品全集

到當局對他的覬覦？

　　只是，他更愛他的小提琴藝術！於是，他假裝聽不見小提琴之外的聲音，育人、演出之餘，一心磨練自己的技藝，提高自己的修養。藝術上曾受過小提琴演奏大師克萊斯勒[55]的強烈影響，而且，與克萊斯勒面對面時也曾讓大衛‧歐伊斯特拉赫激動不已。可是一旦拿起小提琴，他就變得審慎起來，

---

[55]　克萊斯勒（Fritz Kreisler, 1875 ～ 1962），美籍奧地利小提琴和作曲家。是當代著名的小提琴家之一，以演奏音色優美著稱，而他創作的小提琴樂曲，是後世小提琴家常用的經典曲目。

絕不亦步亦趨。克萊斯勒具有唯美傾向的發音手法，在歐伊斯特拉赫那裡變成表現內心情感的方法。他運用顫指手法時會故意延遲瞬間才開始，這樣的聲音效果久遠而延綿。諸多高難度的演奏技巧幫助歐伊斯特拉赫的演奏表現出宏偉壯觀的氣魄，那雄渾的力度會打開每位聆聽者心靈的大門。他的音色又時常流露出柔和與溫暖，彷彿晚霞般深情。或許是蘇聯時期藝術家的緣故吧？他的演奏中總有一股悲憫的氣息，這股氣息與俄羅斯民族世代形成的「悲天憫人」傳統高度契合，因此，雖然處在一個小提琴演奏家英雄輩出的時代，大衛·歐伊斯特拉赫仍是獨一無二的。

回家以後，我找到大衛·歐伊斯特拉赫在莫斯科新聖女公墓裡的墓碑圖片，灰黑色的圓柱碑上，是大衛·歐伊斯特拉赫略略左偏的頭像，和成就他的那把「馮塔納伯爵」小提琴，以及能在琴弦上翻飛得比蝴蝶還漂亮的左手。經過雕塑家的精心雕琢，頭像大衛·歐伊斯特拉赫顯然比本人好看多了，可是，漂亮的歐伊斯特拉赫不會為我們演奏貝多芬、西貝流士、柴可夫斯基了。且讓我將他演奏的《西貝流士小提琴協奏曲》唱片塞進音響，聲音開到最大，只有那樣，起始幾個音符的冷冽、堅定，才會更加冷冽、堅定，而後拾階而上的爬升，

才顯得更加有力 ── 哪怕做鐵幕下的棋子，也要讓那把「馮塔納伯爵」動聽得足以幫助自己走遍全世界，小提琴協奏曲的西貝流士與大衛·歐伊斯特拉赫多麼相似！

君尤憐惜，留下琴聲一片，慰藉天下一個個孤獨的靈魂。

歐伊斯特拉赫墓地，位於莫斯科新聖女公墓

史特拉汶斯基，以毀滅為樂？

雖有七年之癢，但鮑羅定的《夜曲》經久不衰

天才是上帝最脆弱的孩子

鐵幕堅不可推？有人穿牆而過

偉大的作曲家，卑劣的丈夫？

鄉愁如潮水，退後一片荒蕪

寫在五線譜上的俄羅斯聲音，從這裡散播出去

一枚棋子？照樣走過全世界

一走近柴可夫斯基，就情怯

愛你入骨，但不承諾永遠

所謂大師，能從錯綜複雜的世俗中犀利地看到必然

城市雕塑：伊爾庫次克的城市記憶

高爾察克：倘有魅力，不在愛情

西伯利亞冰原大遠征：硬幣的兩面

十二月黨人：被貶到邊地也熠熠生輝

教堂處處，恩藉處處

那個小女孩，簡直像著魔般，只要周邊的露天電影院放映《列寧在 1918》，她都會去看，1 次、2 次還好，10 次、20 次後，家人不免有微詞：這部電影真有那麼好看嗎？儘管 1970 年代的露天電影都是免費的，觀看者只要自己帶小板凳就可以，但是，1970 年代的社會很動盪，我趴在我家二樓的窗戶上就看過兩隊人馬拿著棍棒鐵器在馬路上大打出手。家人不願意小女孩一次次地追著《列寧在 1918》到處跑，怕她遇到麻煩。但小女孩總有足夠的理由讓爸爸媽媽同意她提著小板凳去露天電影院。

柴可夫斯基

那個小女孩就是我，在《列寧在 1918》裡，電影鏡頭搖向莫斯科大劇院的舞臺時，舞臺上一位穿成白天鵝模樣的女演員在憂傷的樂曲中絕望地翩翩起舞，這個片段，在不到 10 歲的我看來，就是一種人間至愛。高級的情感從來就難有人呼應，5 分鐘不到的《天鵝湖》片段，讓我每看一次就有種滿腹心事無處寄存的悽惶。藏一腔沒著落的感情是最讓人不知所措的，在 10 歲的我看來，唯有《列寧在 1918》中的這段《天鵝湖》，讓不知所措變成了使人牽掛的

欣喜。

　　很多年後我才知道，芭蕾舞音樂《天鵝湖》是俄羅斯偉大的作曲家柴可夫斯基的代表作。雖說首次去現場聆聽古典音樂，是由交響樂團演出柴可夫斯基的《第 5 交響曲》而不是《天鵝湖》，可是，所謂的古典樂就是柴可夫斯基，是和我同齡的樂迷在日後需要花很多力氣去吹散的一團迷霧。

《天鵝湖》

　　這團迷霧就是，只有像柴可夫斯基作品那樣悅耳的音樂，才是古典音樂中的上乘之作。

　　2010 年 9 月，海汀克率領芝加哥交響樂團演出馬勒的《第 6 交響曲》，音樂會門票洛陽紙貴，我

卻手握一張猶豫起來：要不要去？相對於柴可夫斯
基的輕捷和悅耳，馬勒的作品龐大又錯綜複雜，我
怕我會無法在現場喜歡上馬勒，從而讓一場音樂會
的時間變成如坐針氈的修煉！最後，名團名指揮的
名氣還是俘獲了我。更出人意料的是，那場音樂會
之後，我開始漸漸遠離柴可夫斯基，一頭沉進了馬
勒、布拉姆斯、貝多芬、巴哈的純粹理性音樂中。

　　所以，去莫斯科和聖彼得堡，我根本就沒有把
與柴可夫斯基相關的內容安排進行程。

俄羅斯隨處可見的柴可夫斯基畫像，克林街頭

　　可是，柴可夫斯基就在莫斯科和聖彼得堡的街
頭巷尾，莫斯科的國家大劇院門前柱子上那些過時
的演出海報中，一眼掃過去，柴可夫斯基的畫像就
會映入眼簾。聖彼得堡的劇院廣場上，排成行的巨

幅廣告在昭告新一輪《天鵝湖》的上演時間，就算上面「柴可夫斯基」的俄文字樣我認不太清楚，但是，《天鵝湖》不就是柴可夫斯基嗎？凡此種種，都在告訴我，柴可夫斯基之於俄羅斯，就像俄羅斯之於全世界，無須聲張，就在時時處處。而這種滲透，擊碎了我的警覺，喟嘆一聲後不得不承認：這些年我故意繞開柴可夫斯基，理由根本不同於那些資深樂迷，覺得優於旋律的柴可夫斯基作品因缺乏理性思考而耽於淺白，而是我始於柴可夫斯基、全程又由柴可夫斯基陪伴的樂迷生活，聽他、讀他、靠近他的時間太多，以至於如今，一靠近他，竟有些情怯而不知從何說起。

就從他的《如歌的行板》說起吧！在我不知道「行板」一詞的內涵時，就在自己的作文中不止一次地用「如歌的行板」搭配。何止我，1978 年以後，小到我這樣的學生作文，大到叱吒文壇作家的作品，出現「如歌的行板」的頻率高到人們已經對這個搭配有心照不宣的詮釋：極度抒情。不是嗎？事實上，這部主旋律來自一位泥瓦匠哼唱的民間小調，「情動於中而行於言。言之不足，故嗟嘆之；嗟嘆之不足，故詠歌之；詠歌之不足，不知手之舞之足之蹈之也」，我們的《詩經》放置在遙遠的俄羅斯也是真理，泥瓦匠為柴可夫斯基的妹妹修葺房

子，工作得很高興，不由得哼唱起來。這段美妙的旋律一直活躍在柴可夫斯基的腦子裡，等到他於1871 年創作《D 大調第一絃樂四重奏》的第 2 樂章時，就信手拈來了這段聽來的旋律。經過柴可夫斯基的專業處理，泥瓦匠嘴裡的音符變得更加動人，於是，這一樂章常常被音樂家拿出來單獨演奏。獨奏版的《如歌的行板》中，又數最接近人聲的大提琴版最令人動情。在我聽過的無數版本中，聆聽狀態至今都記憶猶新的，是在觀賞一個訪談節目時。那一期，主角是位雲遊四方的華裔大提琴演奏家，他在回答主持人「何以不回到家鄉來排解無盡的孤獨」時，他說：「演奏西洋音樂必須生活在作品產生的環境裡。」此時的畫面，演奏家駕車緩慢行進在空寂的街頭，秋雨紛紛、樹梢清寂，他自己的錄音版《如歌的行板》，是銀幕裡的所有和銀幕外的我最恰切的連接：身無彩鳳雙飛翼，心有靈犀一點通。

其實，柴可夫斯基龐大的作品群裡，哪部不能輕而易舉地獲取心有靈犀的共鳴者呢？那部名曰《悲愴》的第 6 交響曲，我一想到它的第 1 樂章，隨時隨地都能幻聽到像是曠達，實則糾纏不休的旋律在耳邊哽咽：為一生的紅顏知己梅克夫人[56]晚年的身不由己，為自己一生的真情無以告白，為自己不

56　梅克夫人（Nadezhda von Meck, 1831 ～ 1894），俄羅斯商人、藝術資助人。也是柴科夫斯基的資助人。

梅克夫人

那麼老邁的軀體開始失控……。

　　1893 年 9 月，柴可夫斯基感覺異常疲憊，這年，他只有 53 歲。柴可夫斯基生於 1840 年，父親是礦山工程師兼冶金工廠的廠長——與音樂毫不相干。柴可夫斯基 10 歲那年，父親被任命為聖彼得堡國立大學的校長，這所坐落在涅瓦河北岸、與冬宮隔河相望的學校，創建於 1724 年。在這所俄羅斯最早創建的大學裡，科學、人文、藝術等學科都是它所擅長的，所以，迄今為止學校已擁有 7 名諾貝爾獎獲得者，尤以校友巴夫洛夫[57]最為榮光，因為這是一個不脛而走且走到世界各地的名字。能出任這所大學的校長，當然是無上榮耀的事情。不過，對於少年柴可夫斯基來說，父親的職業讓他最受惠的，是可以親炙音樂系主任的鋼琴教學。不過，柴可夫斯基身上很快流露出來的音樂才華，卻無法改變父親認為音樂是閒暇生活點綴的觀念。在他的堅持下，柴可夫斯基只好修學法律，1859 年，他畢業於聖彼得堡法律學校，進

57　巴夫洛夫（Ivan Pavlov, 1849～1936），俄羅斯生理學家、心理學家、醫師。他因對狗研究而首先對古典制約作出描述而著名，並在 1904 年因為對消化系統的研究得到諾貝爾生理學或醫學獎。

入司法部做部長祕書。

　　身體被刻板的公務員職業羈絆，身心卻一直被在耳邊飛揚的樂曲逗引。如此分裂的生活讓柴可夫斯基忍無可忍，1861 年，他進入俄羅斯音樂協會音樂學習班（次年改建為聖彼得堡音樂學院），想透過學習來確認自己是否離不開音樂。2 年的專業學習讓柴可夫斯基堅信，音樂是自己的生命，1863 年，他辭去司法部部長祕書的工作，專事作曲。

　　柴可夫斯基的選擇，一定惹怒了父親，而在莫斯科音樂學院任教的薪酬不足以讓家人過上體面的生活。就在他左右徘徊不知如何是好之際，梅克夫人出現了。

　　此地，人們可以從來不曾聆聽柴可夫斯基的音樂，卻都知道柴可夫斯基的「豔遇」。事實上，就算柴可夫斯基與梅克夫人之間有一場豔遇，那也只存在於兩人

柴可夫斯基雕像，克林火車站

莫斯科音樂學院

的精神世界裡。直到 1890 年梅克夫人破產，20 年
間夫人以每年固定數字的資金幫助柴可夫斯基心無
罣礙地投身到音樂的名山事業中。問題是，一個富
孀只問耕耘不問收穫地供養柴可夫斯基，說他們一
直信守著「永不來往」的誓言、只在柴可夫斯基的
作品中尋求「上窮碧落下黃泉」的樂趣，誰信呢？
柴可夫斯基的太太首先不信，1877 年，柴可夫斯基
與米廖科娃的婚姻出現嚴重危機，感覺自己百口莫
辯的柴可夫斯基情急之下精神崩潰，差點自殺。

爭吵聲不斷的家，實在待不下去了，柴可夫斯基逃往莫斯科，並於來年與夫人達成分居協定。

遠離了過於聒噪的妻子，又有紅顏知己梅克夫人每年 6,000 盧布的資助，柴可夫斯基的創作進入旺盛期，著名的小提琴協奏曲、第 2 鋼琴協奏曲、第 1 號到第 3 號管弦樂組曲、芭蕾舞序曲《睡美人》和《胡桃鉗》第 4 到第 6 號交響曲……倉廩足而天下平，創作的豐收期讓柴可夫斯基的心境格外寧靜。然而，天下哪有不散的筵席？梅克夫人破產的消息剛傳入作曲家的耳朵，他還以為與梅克夫人因作品而始的情緣因為厭倦了他的音樂而終止了，非常懊惱。實情是，梅克夫人真的瀕於破產，以致她的子女堅決阻斷她繼續贊助柴可夫斯基的道路。眼看因自己的資助，這位作曲家越來越偉大，想像由於缺少自己的資助，這位作曲家可能受制於經濟窘迫而寫不出更加偉大的作品，欣慰和畏懼等複雜的情感攪和成一團亂麻，塞滿了梅克夫人的心胸，她的孩子們說，媽媽瘋了 —— 晚年，少言寡語的梅克夫人是在精神病院中度過的。

實情讓柴可夫斯基愈加傷感和心力交瘁，聽，作曲家開始涉及「死」的主題，在那部又名《悲愴》的《第 6 交響曲》中。

柴可夫斯基故居紀念館，克林

　　僅是一生的紅顏知己突遇變故才觸發了柴可夫斯基內心深處憂鬱的因數嗎？恐怕不是。如果僅願意徜徉在柴可夫斯基的《四小天鵝舞》、《花之圓舞曲》的歡快中，你大概會以為，柴可夫斯基是個「面朝大海，春暖花開」的幸福之人。大海，是梅克夫人的友誼和資助；花兒，是他筆端流瀉不止的音符。但事實是，娶妻生子的自我扭曲，都不能改變柴可夫斯基的性取向，他是位同性戀者。柴可夫斯基生活的年代，膽敢出櫃宣稱自己是同性戀者，後果是什麼？差不多與他同時代的英國作家王爾德為此鋃鐺入獄，晚他幾乎兩代的英國科學家艾倫·杜林，在公開自己性取向的同時，葬送了自己的性命。柴可夫斯基想好好地活著，寫盡他心裡對這個

世界的讚美，但無法緩釋的性衝動撞擊著他的身體和靈魂，撞碎了他人看似美滿的婚姻，也撞壞了自己的身體 —— 陰鬱時時刻刻，所以，到了 1890 年他創作《第 6 交響曲》時，積蓄在他心中的不快樂情緒大爆發。

柴可夫斯基雕像，克林的柴可夫斯基故居紀念館

　　既然憂鬱的種子早就埋下了，那麼，只要柴可夫斯基一動筆，難過和憂傷就會不由自主地流露筆端。在創作於 1885 年的《第 4 交響曲》、1888 年的《第 5 交響曲》中，我們都聽到了作曲家的哀鳴。既然同一種聲音到了 1889 年創作《第 6 交響曲》時被作曲家用音符表達到了極致，這部作品又叫《悲愴》，我們索性便將精神一以貫之的第 4、第 5 和第 6 交響曲合稱為《悲愴三部曲》。「從完全聽從命運，

到對命運發生懷疑，最後決心透過鬥爭來克服悲慘的命運」，這句被作曲家寫來解釋他何以要創作《第5交響曲》的話語，是《悲愴三部曲》的最好注解：雖身心俱疲，但心中的旋律還在波瀾起伏，他不能丟下這些美妙的聲音顧自離去，只好委屈自己活下去。

克林柴可夫斯基故居紀念館：柴可夫斯基的書桌，《悲愴》在此完成

現在，我把《悲愴三部曲》中間的一部──《第5交響曲》的唱片塞進播放機裡。隨著音樂的推進，第1樂章之後是三部作品中最為動人的第2樂章柔板，當弦樂低低地烘托主題後，一陣彷彿從遙遠處傳送過來，圓潤中帶點沙啞、悠長裡攜些猶豫的聲音直撲我的耳朵而來。每次聽到這裡，我發現我會對自己的身體失去控制力，彷彿我坐的椅子

被人撤去後，我的身體會像流水一樣離我而去。第一次出現這樣的反應，我以為是自己過於疲勞的緣故。後來才知道，不是，而是當法國號蒼涼地吹響柴可夫斯基的《第 5 交響曲》第 2 樂章時，營造出來的氛圍讓我感覺到，在歲月和萬物面前，人類太過渺小。

柴可夫斯基用《第 5 交響曲》向世間萬物示弱了。而到了《第 6 交響曲》，他似乎找到了在順應命運安排的同時，尋找生活中歡愉的通途。所以，聽柴可夫斯基的《第 6 交響曲》，總讓人滿腔的怨懟湧上心頭，化作淚水梗在喉頭，一曲終了，又總能獲得澡雪的清爽。這況味，不就是張岱小品的意境嗎？「……大雪三日，湖中人鳥聲俱絕。是日更定矣，余挐一小舟，擁毳衣爐火，獨往湖心亭看雪。霧凇沆碭，天與雲與山與水，上下一白。湖上影子，唯長堤一痕……」此為張岱著名的〈湖心亭看雪〉片段，假如柴可夫斯基能聽見 200 多年前一位中國文人的心聲「莫說相公痴，更有痴似相公者」，那些譜寫在《悲愴三部曲》裡的掙扎，怕是要變作高山流水遇知音的快慰了吧？

我當視他如精神領袖一般，去他曾經待過的聖彼得堡音樂學院和聖彼得堡國立大學祭拜他，去他靈魂駐足處 —— 聖彼得堡亞歷山大修道院名人墓地去祭奠他。情怯，卻讓我錯過了亞歷山大修道院

的季赫溫名人墓地，更讓我就在聖彼得堡音樂學院
的牆外，都不敢將默念在心裡的名字喊出聲：彼得‧
柴可夫斯基。

　　好在，俄羅斯並不遙遠，下一次俄羅斯之行已
經排進了我的旅程。

柴可夫斯基墓地，聖彼得堡的季赫溫公墓

史特拉汶斯基，以毀滅為樂？

雖有七年之癢，但鮑羅定的《夜曲》經久不衰

天才是上帝最脆弱的孩子

鐵幕堅不可摧？有人穿牆而過

偉大的作曲家，卑劣的丈夫？

鄉愁如潮水，退後一片荒蕪

寫在五線譜上的俄羅斯聲音，從這裡散播出去

一枚棋子？照樣走過全世界

一走近柴可夫斯基，就惜怯

▌愛你入骨，但不承諾永遠

所謂大師，能從錯綜複雜的世俗中犀利地看到必然

城市雕塑：伊爾庫次克的城市記憶

高爾察克：倘有魅力，不在愛情

西伯利亞冰原大遠征：硬幣的兩面

十二月黨人：被貶到邊地也熠熠生輝

教堂處處，慰藉處處

　　世紀之交，公司老闆為了讓大家記住這個千載難逢的日子，決定帶全體員工去海參崴（符拉迪沃斯托克）玩一趟。由於允許帶家屬，出國時這支隊伍浩浩蕩蕩達到 120 餘人。坐飛機到哈爾濱，停留片刻之後，乘坐火車到綏芬河，又停留片刻，換乘不同軌的火車去目的地，真是舟車勞頓。通關時，俄羅斯人除了官僚作風十足外，還以各種方式暗示大家，只要給他一點小東西，就可以加快我們通關的速度。果然，奉上萬金油之後，120 餘人很快就踏上俄羅斯的大地。

　　120 餘人，其中絕大多數是第一次踏出國門，行進到哪都是雜訊一片。在海參崴最熱鬧的街市，一家看起來很高檔的服裝店看見我們走過，竟拉下捲簾門不再營業，不快隨即湧動在我們的隊伍裡。歧視當然也令我不快，更多的是難堪，特別是看到這匹行將瘦死的駱駝卻還端著架子時。

　　海參崴，不，他們叫這個地方叫符拉迪沃斯托克。符拉迪沃斯托克的火車站上豎著一塊碑石，碑石上又豎了一塊青銅銘牌。除了雙頭鷹外，上面標注著距離莫斯科 9,288 公里。離國家心臟那麼遙遠的小城，已經被莫斯科拖累得市場蕭條、市容破敗，但每個行走在街道上的市民幾乎都穿著讓人眼睛一亮的貂皮大衣，此時是冬天。

距離莫斯科 9,288 公里青銅紀念碑，符拉迪沃斯托克火車站內

符拉迪沃斯托克火車站

　　冬天，瀕臨海參崴的太平洋已經封凍，我們可以在潔白的冰面上走到很遠很遠，把孩子們逗樂──南方的孩子哪裡見識過這樣的大海？他們奔跑、互相摔打……幾位在冰面上垂釣的老人，像是什麼都看不見，如雕塑般安坐在折疊椅上，手邊有一瓶伏特加，眼前有一個他鑿出的深洞，釣魚線順著深洞垂進大海。如此靜態，魚兒何時上鉤？我興致勃勃地站在隱蔽處看了一個多小時，發現他們真的是姜太公釣魚，甚至，上了鉤的願者他們都不怎麼釣起。請問，這麼冷的洋面上，他們為何而來？想到這裡，我忍不住地直打哆嗦：老人們讓我真切地感受到了俄羅斯人身上特有的煞氣和決絕。

　　離開海參崴的火車凌晨出發，半夜 2 點，我們就被胖得不像話的導遊叫醒，漱洗完畢後，在飯店的大廳接過她發給我們充當早餐的一個硬麵包和一罐冷牛奶後，大多數人上了大巴繼續睡覺。此時，外面鵝毛大雪紛飛。出發後，因為穿著貂皮大衣所以顯得更加臃腫的導遊費勁地從大巴第一排的位子上站起來，轉身告訴大家：「因為是深夜，司機怕自己會睡著，所以會開收音機，請大家包涵。」話音剛落，好睡的旅伴已經輕鼾起來，苦了我這樣的淺眠者。也好，這樣的夜景也許此生不會再碰到：鵝毛大雪下得真急，雨刷必須以最快的速度掃動，

擋風玻璃上才會有塊讓司機看清前路的面積。所謂前路，是白茫茫的無邊無際，道路、人行道、溝渠、田地已經連成了一片，好不荒蕪！真是「白茫茫一片真乾淨」。幫司機提神的收音機裡，正在播放一首節奏鮮明而強烈的流行歌，我一句俄文也聽不懂，只聽見男歌手在叫某人的名字：「莉莉，莉莉。」女歌手的回應，熱切又無望，顯然是首相逢不能成相知的傷心情歌。心頭已經溼了，一轉頭看見車窗外沒有盡頭的皚皚白雪，更是襯托出兩人的情歌就算唱到天涯海角也是孤獨的絕望。

回家後，一直想找這首歌。但不知道男女歌手名字，不知道他們唱的是什麼歌，即便網路的觸角已經延展到世界盡頭，我想要的歌也沒有蹤影。我相信執著這個詞，就三不五時地將那首歌的旋律在腦中掃一遍。5年多後，突然，我就遇到了這首歌，是俄羅斯流行歌壇的女王阿拉·普加喬娃[58]和2001年時還是她丈夫的基爾科洛夫合作的歌曲〈城裡好冷〉。

讀大學時，我們這間宿舍 8 個女生中只有一位學過俄語，於是，只要讓我們聽見她在念俄語，我

58　阿拉·普加喬娃（Alla Pugacheva, 1949 ～ ），又譯安娜·普加喬娃。前蘇聯和俄羅斯著名女歌手，俄羅斯流行音樂天后。她於 1965 年開始自己的職業歌手生涯，並持續至今。阿拉是前蘇聯音樂史中標誌性的歌手，擁有創紀錄的唱片銷售量和知名度。1980 年和 1985 年他被俄羅斯蘇維埃聯邦社會主義共和國分別授予功勳藝術家和人民藝術家稱號，1991 年被蘇聯授予人民藝術家稱號。

們就譏嘲她：「又在說豬的語言了。」如此缺德的貶損，並非我們首創，1980 年代以後的幾 10 年裡，俄語一直被視為不如日語的語言。

　　俄語被如此冷落，就算是網路上全文刊登了〈城裡好冷〉這首歌的俄語歌詞，我也找不到人翻譯，因而不知道當年在風雪中行進的大巴上聽到這首歌時的直覺，是對的，還是不對。

阿拉·普加喬娃

　　但這不妨礙我繼續聽阿拉·普加喬娃用我聽不懂的語言吟唱她眼裡的俄羅斯、她感覺中的俄羅斯以及她觸摸到的俄羅斯，從 1974 年她 25 歲到 2009 年她年屆花甲宣布退出歌壇。

　　1979 年，還是蘇聯時期，普加喬娃為一部電影《唱歌的女人》配唱插曲，她唱：

你不相信 我像活在天堂一樣
人間災禍 總是繞過我身旁
每天傍晚 我同樣疲憊不堪 有時想哭一場
很傷感……

　　就算是政治掛帥的蘇聯時期，普加喬娃歌唱的都是普通人的日常情感，《唱歌的

女人》之後，她的歌更是如此：

客船寂靜的碼頭停靠

無須任何言語

不要從頭再來

它可以挽救愛情

看，客船航行而來

並把荒唐的愛情承載

不要這樣吧，小男孩……

——〈客船〉

寒風苦雨變換著惡劣天氣

重又帶你走

離開時候他甚至不問一問

就了無聲息

也許我想伴隨你一起離去

像小鳥追逐清夢

像秋葉飄向大地……

——〈一路同行〉

……從心中抹去你最後的痕跡

這世界也變得沒聲音 空曠寂靜

可我的老時鐘還邁著尋常腳步

那鐘聲依然憂鬱和莊重……

——〈老鐘〉

這些唱船、唱鐘、唱樹葉的歌曲，都有共同的情感訴求，即「紅樓隔雨相望冷，珠箔飄燈獨自歸」。你看，因為承載的是荒唐的愛情，客船只能寂寞地停靠在碼頭；就算變成小鳥，樹葉都跟不上被寒風苦雨帶走的你；已經從心中抹去了你的痕跡，但老時鐘的鐘聲依然憂鬱和莊重……說是唱的愛情，但為什麼不能說唱的是十月革命以後瞬間的翻天覆地？為什麼不能說唱的是史達林時期令許多家庭措手不及的變故？為什麼不能說唱的是超級大國轉瞬之間的分崩離析？所以說，普加喬娃用她那渾厚綿軟如天鵝絨一般的嗓音，將俄羅斯一個世紀的風雲變幻用情歌的方式唱到每個俄羅斯人的心底，也打動了叱吒風雲的政壇人物。這個誕生於史達林時代、成長於赫魯雪夫時代、出道於布里茲涅夫時代的流行女歌手，竟然讓戈巴契夫授予她蘇聯人民演員的稱號，讓葉爾辛授予了她國家勳章，而普丁也在她的結婚紀念日發了賀信。

從達官顯要到販夫走卒都聽從心聲，臣服在普加喬娃的歌裡。除了她那綿柔如絲絨的歌喉的確叫人過耳不忘之外，身為女人，普加喬娃以她的率性和敢作敢為，成為國家動盪、政壇交疊時期俄羅斯人民的榜樣。

伊波里托夫‧伊凡諾夫莫斯科國家音樂專科學

校，是俄羅斯喜歡音樂的學子們嚮往的學校，阿拉·普加喬娃從那所學校的合唱指揮科畢業後，被分配到了馬戲團工作。芭蕾、音樂和馬戲是俄羅斯藝術中鼎立的三足，是俄羅斯民眾心目中可以比肩的藝術種類，原可以在馬戲團裡輕鬆工作的她，卻偏偏不安於就此度過平凡的一生，在蘇聯還沒有流行歌曲時，她發誓要用自己的天賦唱出心中真摯的情感。在用歌聲征服了俄羅斯後，普加喬娃更是用一座座國際流行歌曲比賽的獎盃，奠定了自己流行歌壇女王的地位，從此無人撼動。「你知道誰是布里茲涅夫嗎？」「當然知道，他是普加喬娃時代的一個政治人物」，在俄羅斯流傳廣泛的這個問答，大概是阿拉·普加喬娃雄霸歌壇 30 多年的最佳佐證。而普加喬娃這句「我常常對女人說，寧可在愛情中失望，也不能沒有愛情」的表白，則成為蘇聯時期被壓抑太久的俄羅斯人的代言。這個心底透亮的女人，先後結婚 5 次，那首〈城裡好冷〉就是她與第 4 任丈夫基爾科洛夫合作的作品，結婚時，普加喬娃 45 歲，基爾科洛夫 27 歲，相差 18 歲的老妻少夫之戀，普加喬娃豈會感覺不到其中的晃悠？

　　我們不是一對

　　完全不配

　　我們走著兩條

不能相交的道路

說真的

我們在一起不會有結局

沒有你

城裡變得好冷

把天空也平分了吧

我不需要十全十美

沒有你

城裡變得好冷……

2001 年，我在風雪彌漫的海參崴黎明裡聽到的歌，果然是首熱切又無望的情歌。就算明知與愛人的情感維持不到白頭，也要跳進愛海，趁彼此須臾不可分離時盡享愛的歡愉，這就是普加喬娃在她所有歌曲中灌注進去的女人的尊嚴。你聽，她最著名的〈百萬朵玫瑰〉：

從前有位大畫家，擁有樓房和油畫，他迷戀上女演員，打聽到她愛鮮花，畫家賣掉小樓房，又賣掉自己的畫，他拿出所有的錢，買下無數玫瑰花。100 萬，100萬，100 萬，玫瑰花，堆滿在，堆滿在，堆滿在窗戶下。多情人，多情人，多情人真痴情，為了妳，把一生變成玫瑰花。

早晨妳起來推開窗，妳一定會很驚訝，莫非還在做夢，眼前只見玫瑰花，不由得倒抽冷氣，誰這麼瘋這麼

冬日裡的波克羅夫斯基教堂，符拉迪沃斯托克

傻，可憐那年輕畫家，就默默站在窗下。100 萬，100 萬，100 萬，玫瑰花，堆滿在，堆滿在，堆滿在窗戶下。多情人，多情人，多情人真痴情，為了妳，把一生變成玫瑰花。

相聚只有一剎那，演員當夜就出發，但是在她一生中，玫瑰伴歌聲飄灑，畫家他終生孤獨，忍受著風雪交加，但是在他一生中，有過百萬玫瑰花。100 萬，100 萬，100 萬，玫瑰花，堆滿在，堆滿在，堆滿在窗戶下。多情人，多情人，多情人真痴情，為了妳，把一生變成玫瑰花。

此歌是俄羅斯著名詩人沃茲涅先斯基根據真實故事創作的。19 世紀旅居法國的喬治亞畫家馬尼什維利迷戀上一位巴黎的女演員，為了博得美人的芳心，畫家變賣了所有財產，買下 100 萬朵玫瑰花後，僱了許多輛四輪馬車，整整運了一個上午，才把這些花運到女演員窗臺下的廣場上。沃茲涅先斯基將這個故事寫成歌詞後，填入拉脫維亞的作曲家和鋼琴家帕烏爾斯的舊曲，由普加喬娃唱出來，是舊瓶裝了新酒。「多情人真痴情，為了妳，把一生變成玫瑰花」，我聽來，情人是家、是一座城市、是自己的國家，為情人，可以把一生變成玫瑰 —— 當俄羅斯人用各種聲音吟唱「嫁人就要嫁普丁」時，〈百萬朵玫瑰〉怎能不激起他們的迎合？

阿拉·普加喬娃歌集封面

　　距離紅場 10 分鐘步行距離的 Patriarch Ponds 是莫斯科人最嚮往的富人區。我在紅場排隊等待進入列寧墓時,在克里姆林宮裡參觀,曾經舉頭四顧,希望能夠定位到這個富人區。因為我唯一知道,也很喜歡的當代俄羅斯流行女歌手阿拉·普加喬娃曾經居住在這裡。在與第 3 任丈夫離婚時,他們曾經為這一處房產打過一場糾纏不清的官司,即便如此,追求真愛的普加喬娃也要拋下身外之物,向內

心的召喚狂奔而去，儘管，與基爾科洛夫的婚姻如
今也已成前塵往事。

　　是的，第 5 次婚姻的對象加爾金比基爾科洛夫
還年輕。為了愛情，普加喬娃還透過試管嬰兒的方
式為加爾金誕下了女兒，這真讓我瞠目。但這並不
能改變我喜歡她，她的歌總能讓我感到驚詫。

　　謝天謝地　您沒為我憔悴

　　謝天謝地　我也沒有為您心碎

　　每天早晨　太陽照常升起

　　地球也不會從腳底下飄飛

　　謝天謝地　這也許很可笑

　　放浪自己　不用再玩弄詞彙

　　更不用因為衣袖輕相碰

　　我就一臉的緋紅想入非非

　　我感謝您　連您也不知道

　　這無意中的愛　真讓我欣慰

　　我謝謝您　為夜晚的清靜

　　很少有黃昏時的約會

　　也不在花前月下相依偎

　　陽光下我們也不形影相隨

　　謝天謝地　您沒憔悴

　　謝天謝地　我也沒心碎

這首傳說是俄羅斯女詩人茲維塔耶娃寫給同性戀人的恣意汪洋的情歌，被普加喬娃唱到電影《命運的撥弄》裡去後，輕輕巧巧地激起聽歌人心裡巨大的感情波瀾。

忘不掉阿拉‧普加喬娃。在俄羅斯，當車子行進在不塞車、不嘈雜的莫斯科街頭時，我忍了又忍，還是問了導遊小徐：「俄羅斯流行歌手中，你最喜歡哪一位？」他嘴裡嘟噥著、猶豫著，下了決心似的說：「還是普加喬娃。」儘管他的自以為是讓我有點煩，儘管他有點胖，但當他說出「普加喬娃」這個名字時，我真想衝到車前擁抱他！

普加喬娃就是這麼特別，不知道有多少歌手翻唱過〈鴿子〉，西班牙情歌王子伊格雷席亞斯唱到情深處時，右手緊緊摀在心臟處，〈鴿子〉變成了能蝕骨的情歌。而阿拉‧普加喬娃用俄語唱這首歌時，灰藍色的眼睛堅定地看著銀幕外聽歌的你我，彷彿在說：愛你入骨，但不承諾永遠。每每重看普加喬娃演唱〈鴿子〉的影片，我總是會想到 1917 年時翻天覆地的俄羅斯，及普丁面對西方世界圍剿時的斬釘截鐵……國猶如此，人何以堪。

所謂大師，能從錯綜複雜的世俗中犀利地看到必然

　　1955年，發端於愛倫堡[59]的中篇小說《解凍》的解凍文學，如一縷清風吹進蘇聯電影界。這年，28歲的導演埃爾達爾·梁贊諾夫[60]正在籌拍電影《狂歡之夜》。在這個圍繞狂歡節晚會的設計方案而生發的令人捧腹的故事中，有個非常重要的角色——女大學生列娜。當電影劇本送至有關方面審查通過後，一位很有名氣的女演員希望擔綱《狂歡之夜》，她找到蘇共中央政治局委員替她到梁贊諾夫那裡說情。

　　1950年才剛從莫斯科電影學院畢業，之前只拍過5部紀錄片，《狂歡之夜》是他的第一部故事片，沒錯，此時的梁贊諾夫資歷尚淺，但是，他毅然決然地拒絕了那位蘇共中央政治局委員，堅決起用在他看來最適合扮演列娜的柳德米拉·古爾琴珂[61]。之前，詩人曼德斯坦[62]只是寫信給蘇聯作協請求給他和妻子一個能安定下來的居所，就被打成了反革命。時光再往前10餘年，梁贊諾夫就膽敢拒絕蘇共中央政治局委員，等待他的將會是什麼？幸運的

59　愛倫堡（Ilya Ehrenburg, 1891～1967），前蘇聯猶太作家及新聞記者。

60　埃爾達爾·梁贊諾夫（Eldar Ryazanov, 1927～2015），前蘇聯電影導演、劇作家。

61　柳德米拉·古爾琴珂（Lyudmila Gurchenko, 1935～2011），前蘇聯著名女演員、歌手、企業家。1983年獲「蘇聯人民藝術家」稱號。

62　曼德斯坦（Osip Mandelstam, 1891～1938），前蘇聯詩人、評論家，阿克梅派最著名的詩人之一、20世紀俄羅斯最重要的詩人之一。他的詩一開始受象徵主義影響，後轉向新古典主義，具有強烈的悲劇色彩。

埃爾達爾·梁贊諾夫

是，梁贊諾夫成為導演的時間很對，除了可以如願使用柳德米拉·古爾琴珂作為自己第一部故事片的女主角外，還能拍攝《狂歡之夜》這部極具諷刺意味的電影。

可惜，我要等到電影拍成 30 年後才看到《狂歡之夜》。

我剛剛開始看電影的時候，蘇聯電影對我而言意味著《列寧在 1918》和《列寧在 10 月》，成長期不知道花多少時間給這兩部電影，後來，我偏見地以為蘇聯電影就是這種樣貌。1981 年 9 月，進入大學的第二天，學校就強制我們看電影《鄉村女教師》。其實，電影不錯，扮演瓦爾瓦拉·瓦西里耶夫娜的

女演員薇拉・瑪列茲卡婭[63]，將女教師詮釋得溫婉、
堅定又知性，可是學校非讓我們觀看電影的方法，
讓我回憶起這部電影時，沒有多少好感，以致當我
穿梭在莫斯科新聖女公墓裡找尋我愛的作家、音樂
家、藝術家永遠的棲息地時，幾次與薇拉・瑪列茲
卡婭的雕像擦身而過，都沒有想過要停下來行一個
注目禮。

薇拉・瑪列茲卡婭之墓，莫斯科新聖女公墓

---

63 薇拉・瑪列茲卡婭 (Vera Maretskaya, 1906～1978)，前蘇聯著名女演員。

1980 年代，我們主要的娛樂方式是守著電視機，在寥寥幾個頻道間來回選擇。選擇不多，所以得特別慎重，我總是認真仔細地將想看的電視節目用紅筆勾出來，遇到蘇聯電影《狂歡之夜》時，我的筆端還頓了頓。

幸虧看了。沒有想到，還在 1955 年的時候，蘇聯的電影就可以如此辛辣地譏諷官僚主義！從那以後，我開始追著梁贊諾夫的電影，尤其是喜劇片看。

2003 年，我得到去法蘭克福書展參觀的機會，書展結束以後，我順道去了巴黎。某天晚上，照例在投宿的旅館附近閒逛一陣後才回去休息，遇到我們團的幾個人神色慌張地在大廳裡說些什麼。靠近一聽，原來某位團員用鑰匙開了自己房間的大門後，赫然發現一對金髮男女正在床上雲雨。驚慌之下，他趕緊關門而逃，來到大廳原本想質問櫃臺，卻因為不懂法語而不知如何是好。我也不懂法語，但我不相信會發生如此匪夷所思的事情。遇到狀況的團友被我的固執激怒了，一定要我去見證「奇蹟」。結果，門裡是整理得非常整潔的房間，沒有他說的男人和女人。他嚇到了，拿著門卡左看右看，突然，一拍大腿，說：「我剛才去 4 樓了。」我搶過他的門卡一看，4516，他把 4 號樓 516 房間

看成 416 房間了！我忍俊不禁。他被我笑得好不尷
尬，我也被他的尷尬弄得不好意思起來，就解釋：
「我想起了蘇聯電影《命運的捉弄》（*The Irony of
Fate*）。」他不明所以地看著我。對呀！為什麼他要
像我一樣喜歡梁贊諾夫的電影，又恰好看過《命運
的捉弄》呢？可那一刻，為了解除尷尬，我只好向
他簡要描述了一下這部電影：

《命運的捉弄》電影海報

　　除夕之夜，家住莫斯科的外科醫生葉夫蓋尼‧盧卡申在結婚前夜與幾個好友一起為了即將結束的單身生活狂歡，喝得酩酊大醉。迷糊中，盧卡申錯上了飛往列寧格勒的飛機。飛機抵達，計程車司機將他送到列寧格勒與莫斯科同一街名且同門牌的大樓前。盧卡申走上樓梯，找到了相同的門號，打開門鎖便一頭栽倒在床上酣睡起來。房主娜佳回來後，發現自己家裡的床上赫然躺著一個酒氣熏天的男人，不禁大驚失色。她搖醒盧卡申，兩個人經過一場激烈的爭辯，總算搞清楚事情的來龍去脈。自己的閨房裡躺著一個男人，無論娜佳怎麼解釋，她的男友就是不相信她與盧卡申素昧平生。而盧卡申的女友，也不相信自己的男友會糊塗地躺在一個素不相識的女人床上，兩個人憤而與對方分手。既然盧卡申和娜佳又變回單身，梁贊諾夫索性讓盧卡申與娜佳成為眷屬。

　　人們總是詬病，梁贊諾夫的電影情節安排過於依賴巧合，如這部《命運的捉弄》，如果沒有盧卡申酒醉後到錯誤的城市、錯誤的街道、錯誤的房間，故事將不會成立，那麼，有誰會粗心到「直把杭州作汴州」呢？我雖喜歡《命運的捉弄》，卻也狐疑過其中的巧合。在第一次看到這部電影的 20 多年後，生活用親眼所見賞了我一記耳光：所謂大師，總是能在錯綜複雜的世俗中，犀利地看到其中的必然。

但是，像梁贊諾夫這樣，每部電影都能讓我在生活中找到現實依據的導演，若非空前，恐怕也要絕後了，對，我又要講故事了，這次對應的是他的《愛情三部曲》中的第二部《兩個人的車站》。

鋼琴家普拉東的妻子開車撞死了人，為了妻子免於被起訴而遭牢獄之災，普拉東甘願頂罪。在審判前的一個星期，普拉東趕回老家想見父親一面，他實在不知道還有沒有下次見面的機會了。途中，普拉東經過一個喧嘩的車站時覺得餓了，就去車站餐廳想隨便吃點什麼，遇見了美麗的女服務員薇拉。滿腹心事的普拉東哪裡看得見薇拉的美貌？只是一味抱怨餐廳的服務，這讓薇拉大為光火，兩人爭執起來，繼而結怨。沒有想到，隨著言語來去，普拉東和薇拉越聊越投機。聊到後來，普拉東甚至去了薇拉家作客。他這才發現，薇拉的生活有多艱難，對美人起了憐香惜玉之心。普拉東入獄後，害他入獄的妻子離他而去，倒是在車站遇見的薇拉，在家屬探視日這天，千里迢迢來看普拉東……。

又是一個無巧不成書的故事，我看到這部電影的時候，已經是該片在蘇聯上映後的 7、8 年了。1980 年代後期，經歷過那段思想啟蒙運動以後，我們的日常生活一如從前那般艱難。每個月的薪資，我們必須精打細算，才能保證寶貝在下個月發薪水

前總是有牛奶喝。可是，我們沒有氣餒過，因為我們的周遭有著如《兩個人的車站》裡流淌著的那種說不清、道不明的溫暖關懷。所以，我那麼喜歡《兩個人的車站》，一遍一遍地重看。我只相信那是梁贊諾夫高於生活的編撰。

《兩個人的車站》電影海報

1992 年，我們搬遷到先生學校分配給他的宿舍

裡。因為是學校為改善青年教師居住情況修建的房子，整棟樓裡都是和我們年齡相仿的同事或家屬，這就很容易在鄰居之外成為朋友，比如，我們一家跟 102 就經常在一起談天說地。時間一長，我們對 102 的王編輯和沈老師能成為夫妻產生強烈的好奇心。原因很簡單，兩人來自不同地區，畢業的學校也不相同，像是完全沒有交集的人，怎麼會相識相知繼而成為夫妻的？他們的回答是：《兩個人的車站》。原來，那年暑期將盡時，王編輯北上開會，沈老師探家完畢回學校，他們都選擇在中途下車，結果在火車站遇到了……。「如果沒有看過《兩個人的車站》，就算在火車站遇見，我們也不會搭識。」他們的兒子都已經 5 歲了，沈老師回憶起車站相遇的往事時，臉再次羞紅了。

而我在那個瞬間想的是，如果梁贊諾夫知道，他的電影成全了萬里之外一對男女的美滿婚姻，會作何感想？

不過，也因為《愛情三部曲》中的這兩部過於仰仗巧合的編劇手法，我最喜歡的是三部曲中的《辦公室的故事》：統計局局長卡盧金娜是個性格孤僻、言行和外表有點男性化的怪女人，職員們背後都叫她冷血動物。統計員諾瓦謝利采夫學生時代是個才華出眾的青年，但是現在卻變得窮困潦倒、

未老先衰、唯唯諾諾。這兩個地位、性格相差懸殊的人，經過幾次碰撞後，卻都顯露出人性的本色和性格的亮點來，於是，好事來了 —— 很簡單的故事，卻因為其中的臺詞機鋒太有魅力，而讓人喜歡：

女：昨天……坐下，您說我絲毫沒有……沒有人的感情！

男：昨天我全是胡謅，您不必把我的話當真……

女：不……應該認真對待，因為您說出了我們局裡一些人的心裡話。您在大庭廣眾之下，對我進行誹謗、誣衊！

男：是誣衊……

女：您所說的話都是謊言！

男：全是謊言……

女：是令人憤慨的謊言！這種謊言，我是絕對不會同意的！

男：我也不同意……

女：您總是支支吾吾的！

男：我沒支支吾吾……

女：我無法摸透您究竟是個怎樣的人！

男：幹嘛要摸我？別摸我……

女：您說我鐵石心腸！

男：哪有……豆腐心腸！

女：說我冷若冰霜！

男：不！您熱情奔放！

女：說我沒心肝！

男：您肝膽俱全！

女：說我乾巴巴的！

男：不！您溼答答的！

男：請原諒……

女：住嘴！請您不要再挖苦我了……

男：我沒有……看在上帝的分上。我……我不過是……我並沒有想，我……我也不明白……我怎麼會說出溼答答的……我是……我是想說您很善良……我真的想這麼說的。

我看《辦公室的故事》時，還是翻譯片當道之際。猶記出色的聲優將女局長的語氣、語調塑造得彷彿就是銀幕上的她在說中文。唯其如此，對與我們相同的社會形態，將一位女性調教得失去性別應有光彩的譏諷，才能更得到我們的共鳴，那時，此地流行女強人。

這裡的大銀幕上不見俄羅斯電影久矣，導致我們幾乎忘了，蘇聯也好，俄羅斯也罷，都是電影生產大國。要不是突然聽聞一代電影大師梁贊諾夫駕鶴西歸，我不會憑空憶及自己曾經受惠於哪些蘇聯電影。耳邊迴響著梁贊諾夫逝世的消息，他的電影

《辦公室的故事》電影海報

以及與他電影緊密相連的那些往事滾滾而來。在腦
中閃現他出色的電影《愛情三部曲》，我不得不承
認，過於依賴巧合讓梁贊諾夫的電影弱點明顯。但
酷愛文學，喜愛普希金、巴斯特納克[64]、傑克·倫
敦、莫泊桑，出版過詩集和中短篇小說集的梁贊諾

夫，以其深厚的文學素養讓電影中的人物回味綿
長，我們因此可以忽略《愛情三部曲》的弱點，願
意一看再看。

史特拉汶斯基，以毀滅為樂？

雖有七年之癢，但鮑羅定的《夜曲》經久不衰

天才是上帝最脆弱的孩子

鐵幕堅不可摧？有人穿牆而過

偉大的作曲家，早芳的丈夫？

鄉愁如潮水，退後一片荒蕪

寫在五線譜上的俄羅斯聲音，從這裡散播出去

一枚棋子？照樣走過全世界

一走近柴可夫斯基，就惜怯

愛你入骨，但不承諾永遠

所謂大師，能從錯綜複雜的世俗中犀利地看到必然

▌城市雕塑：伊爾庫次克的城市記憶

高爾察克：俏有魅力，不在愛情

西伯利亞冰原大遠征：硬幣的兩面

十二月黨人：被眨到遂地也熠熠生輝

教堂處處，恩藉處處

　　去奧爾洪島（Olkhon Island）是請飯店預約的汽車，每人花900盧布，汽車就會在約定的時間到飯店來接我們。等到將預約乘車的人全部接到，就往貝加爾湖畔去奧爾洪島的渡口開。5個多小時後，到了渡口，司機會給我們號碼，那是上島以後送我們去預訂飯店的車牌號碼，至於在貝加爾湖冰面上行駛的氣墊船費用，則要另算，來回每人350盧布。從奧爾洪島回伊爾庫次克，900盧布的車費則由飯店包辦。

貝加爾湖冰面上的氣墊船

　　我們離開飯店的那天，說好早上10:30啟程回伊爾庫次克的班車取消了，只好等午後12:30那班。臨到出發時，班車又磨蹭掉一點時間，度過貝加爾湖時已是下午2點多。領隊說，我們要趕伊爾庫次克中央車站最後一班去利斯特維揚卡小鎮的班車，怕要來不及了。反正午後的貝加爾湖畔已經冷得要

命，大家啟程狂奔，看一輛輛車牌號碼是不是我們
要搭乘的 638。

近十輛車，沒有一輛是 638，我們慌了：是不
是被剛剛那輛車的司機騙了？就趕緊打電話給飯店
老闆，須臾後回電，說 638 正在趕來，就在距離這
裡不遠處。10 分鐘以後，638 來了，凍壞了的我們
趕緊上車，司機卻不急著發車。一看車裡，還剩幾
個座位，想必是想再等幾個乘客吧！本來就沒什麼
熱度的貝加爾湖天空的太陽，下降得非常快，彷彿
一眨眼，它已經快到山後了，車裡的乘客沒增加，
車也遲遲不開。我們可是要趕去利斯特維揚卡的班
車！只好再度打電話。倒也爽快，通話還沒有結
束，車就啟動了。

車裡悄無聲息，開朗的人睡了，心思重的人開
始盤算能不能趕上去小鎮的車。算來算去，覺得不
如問司機。司機說，肯定趕不到。停頓片刻，又
說，他可以送我們去，4,000 盧布。如果我們能趕上
從伊爾庫次克中央車站去利斯特維揚卡的班車，費
用是每人 100 盧布左右，我們 5 個人，頂多 700 盧
布，巨大的差額讓我們猶豫，就在車裡商量起來：
要麼就住在伊爾庫次克？提議被否決後，我們商
定，3,000 盧布讓他送我們去。

價格是在途中的休息站談妥的，那家由一位特

別胖的俄羅斯女孩張羅的雜貨店，賣的東西如麵包、熱茶、咖啡，實在乏善可陳，搞不懂司機何以在這裡消磨掉這麼多時間，掛在天邊的紅日也下沉了，「夕陽無限好，只是近黃昏」，吟詩至此，一個不那麼友善的念頭漸漸成形：莫非是飯店老闆跟司機有默契，故意讓我們趕不上去利斯特維揚卡小鎮的班車，好讓他賺取送我們過去的路費？恰在此刻，司機回來了，又問要不要他送，「3,000 盧布，多一分不去。」我們的領隊斬釘截鐵，我們以為會因此要再囉嗦幾句，誰知道司機二話不說答應了，那個不那麼友善的猜測因此坐實了。

車在黑不溜丟的伊爾庫次克市郊停了兩次後，車上就剩我們兩對夫妻加一個小女孩了。司機再次跟我們確認後，很快車就沒入漆黑的夜色裡，只有入冬後從未化過的白雪間或亮一下，它提醒我，此刻車外零下 20 多度，我竟然聯想到美國作家富蘭納瑞·歐康納[65]的名篇《好人難尋》。

祖孫三代一家五口開開心心開車外出度假，因老奶奶為了一個胸針沒完沒了地嘮叨，兒子駛出預定的路線，讓母親回去找胸針，結果遇到了歹徒，一家人統統死於非命。

---

65 富蘭納瑞·歐康納（Mary Flannery O'Connor, 1925 ～ 1964），美國女性作家。歐康納共創作兩本長篇小說和 32 篇短篇小說，以及大量的評論和評述。身為美國南方文學作家群中的一員，她經常以南方哥德式風格寫作，並在很大程度上依賴於區域設置和怪誕的人物塑造。

假如司機要我們將隨身物品留在車裡，趕我們下車呢？我已經恐懼得胡思亂想了，兩個男人竟大聲地商討起若司機將車轉出道路，開到僻靜處的可能性，聽得我大叫一聲：「不要再說了。」

也不能再說了，車已經停在一幢三層小洋樓前，司機告訴我們，飯店到了。基於一路上恐怖的想入非非，我們讓領隊先去飯店確認了，才一一下車，無比愧疚地跟司機道別。

在奧爾洪島上的三天裡，速食麵、肉腸果腹了好幾頓，放下行李就出去找飯店，被告知太晚了，只有路口右轉燈塔賓館的餐廳可能還開著。我們聽從建議右轉去找吃飯的地方，從貝加爾湖上颳來的西伯利亞寒風，吹得我們根本站不住，不要說前去找餐廳了，若不是在奧爾洪島上被餓慘了，誰會奮力走向 500 公尺外的飯店？

利斯特維揚卡小鎮，位於貝加爾湖和安加拉河的交匯處，距離伊爾庫次克不到一個小時的車程。人稱，到了伊爾庫次克，可以不去奧爾洪島，但一定要去利斯特維揚卡小鎮，我卻不以為然。我們抵達小鎮的第 2 天，在小鎮自由行走了一天，出了飯店所在的路口，往左轉一定是東面了，因為我們在路的盡頭看到了日出，儘管那時已是早上 9 點多。走到東面的盡頭後，我們向後轉去約定的午餐地

點，一家名叫 Прошлый век、小鎮排名第一的餐廳，3 公里以後差不多已到小鎮道路西面的盡頭。吃完午餐回賓館拿行李，太陽已經直射在我們的脊背。東西走向 5、6 公里，南北只有一個街口的小鎮，怎麼能跟奧爾洪島比？實在要比，就是利斯特維揚卡小鎮唯一一條主幹道，有著全世界人民不需要記憶也不會忘記的名字，高爾基大街。

　　生前，高爾基到過西伯利亞嗎？到過伊爾庫次克嗎？到過利斯特維揚卡小鎮嗎？沒有資料能顯示答案，高爾基與西伯利亞關係的唯一痕跡，是他說過一句話：「（伊爾庫次克）是西伯利亞永遠跳動的心臟」，地廣人稀的西伯利亞就將整座小城唯一一條主幹道奉獻給了他，遠東第二大城市伊爾庫次克甚至在街頭豎起他的塑像。

高爾基雕像

暮色中的列寧雕像

　　俄羅斯人喜歡城市雕塑，莫斯科如此，聖彼得
堡如此，邊地小城伊爾庫次克也如此。在伊爾庫次
克看到的第一尊雕塑，是距離我們寄宿的伊爾庫

特酒店不遠的卡爾·馬克思大街街角上的列寧，與
之相伴的，是牆頭依照《國際歌》的意思繪就的壁
畫。走過「列寧」，往伊爾庫特酒店方向行走，會
遇見兩位大人陪著一個小兒嬉戲的城市雕塑，它的
對面，則是一位耽於沉思的知識分子。它們，都進
入了我們的照相機鏡頭。可是，伊爾庫次克街頭擺
放如此恰當的城市雕塑，實在太多，導致我想問
「十二月黨人的妻子」在哪裡，反而不得 —— 太多
的城市雕塑矗立在伊爾庫次克的街頭巷尾，我們又
不會俄文，無法精準表達我們想要尋找的那一尊，
當地人無法精確指點，又有何錯？沮喪之餘，決定
能就碰碰看吧！碰到哪尊是哪尊。

耽於沉思者雕像

亞歷山大三世的銅像不需要碰，除了因為它就

矗立在安加拉河畔外，銅像的主人對伊爾庫次克乃至西伯利亞地區的發展，有著劃時代的意義，伊爾庫次克人不會指錯他。

從 16 世紀開始，沙俄瘋狂地在亞洲擴張領土，攫取了整個西伯利亞地區，這片廣袤的土地面積達 1,200 多萬平方公里，占亞洲陸地面積近 1/3。這裡有一望無際的森林和草原，肥沃的土壤以及豐富的礦產資源，很多人將其稱為「金窖」。不過距離俄羅斯的歐洲部分太遙遠了，我去過的兩座城市，海參崴距離莫斯科 9,000 多公里，伊爾庫次克距離莫斯科也有 4,000 多公里。猶記當年我站在海參崴火車站旁一遍遍地撫摸著上書海參崴到莫斯科 9,288 公里的牌子，驚恐得不知如何是好。正因為距離歐洲中心過於遙遠，西伯利亞在幾百年裡都無法得到開發。正因為這裡的自然環境惡劣到人類難以存活，自 16 世紀末以來，歷代沙皇便將這裡作為苦役的流放地，直至蘇聯時期，那裡還是政治犯無望的掙扎地。

19 世紀末，俄國進入工業化時期，沙皇開始動念修築西伯利亞大鐵路，可是，在西伯利亞修建鐵路，是匪夷所思的事情：除了密布的河流、湖泊與山脈，及面積遼闊的永凍層外，西伯利亞惡劣的氣候成為能否修成鐵路的最大考驗。這裡，冬季的溫

度能達到驚人的零下 50℃，而在盛夏時，又經常出現近 40℃的高溫。巨大的溫差會造成鋼鐵脆裂、設備損壞。種種看似難以克服的困難，讓沙皇遲遲無法下定決心修建西伯利亞大鐵路。

1890 年，亞歷山大三世痛下決心，正式頒布命令，從海參崴開始動工修建西伯利亞大鐵路，正因為有了這個開始，才有可能從北京出發乘坐火車到莫斯科，漫漫長路因為途中有世界第一淡水湖 —— 貝加爾湖的相伴，成為許多人的夢想：此生一定要坐一趟去往莫斯科的火車。也正因為有了亞歷山大三世的命令，今天我們才有可能在伊爾庫次克乘觀光火車，花 7 個小時沿貝加爾湖走一程 —— 行程所限，又逢嚴冬，這次在伊爾庫次克無法乘觀光火車，於是，我站在安加拉河畔的亞歷山大三世銅像前立誓：我會回來。我當然知道這尊亞歷山大三世的銅像已非昔日那尊，那尊已在蘇聯時期被拆除，可是伊爾庫次克怎能忘記亞歷山大三世？他們能夠包容亞歷山大三世的對手列寧有兩尊雕塑矗立在街頭，一旦可能，他們更是將亞歷山大三世按照原來模樣重塑到了安加拉河畔。

171

拓荒者雕塑

無名者雕像

象徵伊爾庫次克的城市雕塑

街頭雕塑

低頭所見

女教師雕塑

　　另一尊列寧塑像，在卡爾·馬克思大街與列寧大街的交叉口。何以在伊爾庫次克有兩位列寧？除了眾所周知的原因外，列寧曾經踏足伊爾庫次克，那年是 1897 年，還叫弗拉迪米爾的年輕人被流放到了西伯利亞，不過，因為有「先行者」十二月黨人，距離十二月黨人起義失敗 72 年之後的伊爾庫次克生活條件已有極大的改善，他又被流放在西伯利亞氣候最好的蘇申斯克，不需要服苦役，每個月沙皇還發給他 8 盧布的生活津貼。除了離俄國政治中心彼得堡、莫斯科非常遙遠外，弗拉迪米爾在流放地打獵、游泳，還與心愛的女孩結了婚。又因為結識了普列漢諾夫[66]等思想者，弗拉迪米爾開始勤於筆耕，隨著《俄國資本主義的發展》一書問世，一位叫列寧的偉大人物橫空出世。

　　列寧及由他創立的布爾什維克發動的十月革命，讓俄國變成了蘇聯，改寫了俄國的歷史，僅此而言，伊爾庫次克讓兩位列寧矗立在城市最重要的街口，當在情理之中。正因為「列寧」占據了伊爾庫次克最好的地段？他的敵人高爾察克[67]的塑像只好放置在城外喀山聖母大教堂附近，所謂「列寧、

66　普列漢諾夫（Georgi Plekhanov, 1856 ～ 1918），俄國革命家、馬克思主義理論家。他是俄國第一位馬克思主義者，也是俄國社會民主主義運動的開創者之一，被稱為「俄國馬克思主義之父」，列寧的導師，曾出版過馬克思、恩格斯共同作序的《共產黨宣言》。

67　高爾察克（Alexander Kolchak, 1874 ～ 1920），俄羅斯帝國海軍統帥、極地探險家，曾參加過日俄戰爭和第一次世界大戰。

沙皇亞歷山大三世、高爾察克，他們在世各懷志向，彼此仇恨，為了建立或保衛自己理想中的俄羅斯而互為敵人。如今，他們身為歷史的一部分，被伊爾庫次克記下，成為複雜俄羅斯的驚鴻掠影」。

只是，像是局外人又像是局內人的高爾基，會怎麼評價列寧、沙皇亞歷山大三世和高爾察克？問列寧路、高爾基路路口的高爾基半身像，他不語。

高爾察克：倘有魅力，不在愛情

　　雖然在北京度過一晚，久居南方，我一出伊爾庫次克簡陋的國際機場，還是被當地的寒冷嚇了一跳：滿眼化不去的皚皚白雪，到處需細心提防滑溜溜的冰面。雖處遠東，伊爾庫次克已是深目隆鼻之族的天下，我們這樣的面貌，一看就是外國人，須臾，就有數位男人上前詢問：要不要計程車？我們堅定地搖搖頭。既然是自由行，就要徹底，我們搭公車去飯店。

　　攻略說，出了機場搭乘 42 號公車就可以抵達我們預訂的伊爾庫特酒店。一出機場，果然有輛車門旁貼著 42 字樣紙片的小麵包車等著乘客。這種 1980 〜 1990 年代的小麵包公車，讓我們疑惑那是不是一輛黑車，就決定再等一輛。兩分鐘以後，我們的臉頰開始感受到了什麼叫「風吹在臉上像刀割一樣」，就轉進車站旁的小店。數分鐘過去了，正猶豫著要不要買包裝上印著可愛小娃娃的巧克力以感謝小店讓我們躲片刻寒風時，又一輛貼著 42 字樣紙片的小麵包車駛來，看樣子我們要乘坐的 42 號車就是這種款式的了，就拖著行李箱上了車。到哪站下車呢？攻略上雖用英語標注過，可是，伊爾庫次克跟莫斯科、聖彼得堡一樣，任性的街頭巷尾只有俄文，我們只好打開 Google 地圖看著汽車沿著手機上的虛線慢慢行駛。眼看 42 號已經行駛到 Google

地圖上虛線的盡頭，要下車了嗎？正猶豫著，不知道從何知道我們的目的地的一位男乘客，手指車門嘰哩咕嚕講了一堆俄文，喔！我們真的到站了。下了車，沒走兩步就遇到一尊列寧塑像，轉頭一看，牆上也是列寧的笑貌，這位已經久未被提及的革命導師，此刻卻讓我們定下了心。拖著行李箱筆直往前走，過了兩個路口，我們的領隊興奮地高喊：「看，那就是我們的飯店！」抬頭望去，一棟白牆頂著果綠色的「帽子」、敦敦實實的三層四角形建築就在不遠處，趨近一看，一扇只容一人通過的小門上寫著英文咖啡一詞，以我們的生活經驗判斷，飯店的門應在別處，可是幾乎繞了建築轉了一圈，門就這麼一扇：原來進門以後的左手邊，就是招牌上所言及的咖啡館，小而溫暖。

怎能不溫暖？門裡門外溫差大概達到攝氏50°C，你看，幫我們辦理入住手續的女孩居然一身短袖連身裙！

聽著窗外凜冽的寒風呼嘯而過，享受著室內充足的暖氣，對南部人來說是「一半是火焰，一半是冰雪」的真切體驗，可是，實在抵禦不了想看看安加拉河的衝動，放下行李我們就投身到伊爾庫次克的嚴冬裡。

預訂的伊爾庫特酒店位置極好，出門左轉不變

方向地往前走，一個街口以後就能看到聖女修道院
和主顯靈大教堂，以及點著長明燈的衛國戰爭紀念
廣場，越過這些伊爾庫次克的城市地標，再過一條
車水馬龍的馬路，就是安加拉河了。眼前的景象讓
我目瞪口呆：河上不停歇地蒸騰著熱氣。

　　1920 年 2 月 7 日，被布爾什維克關押了數 10
天的亞歷山大·高爾察克被押往安加拉河邊，這位
從小就在群體中出類拔萃的軍人，知道自己的死期
到了。以他的生平拍攝的電影《末世薔薇》忠實地
再現了高爾察克的死亡過程：站在安加拉河邊，行
刑者問他還有什麼要求，高爾察克想讓他帶句話給
流亡在巴黎的妻子索菲亞，卻被嘲笑：「你到底有幾
個妻子？」是呀！當高爾察克被法國人熱南為首的
協約國出賣給紅軍時，那個要追隨高爾察克進監獄
的女子不是叫安娜嗎？可是，男人對女人一見鍾情
是能向他人解釋清楚的情感嗎？高爾察克低下頭，
他一定是想到了深牢大獄裡的愛人安娜，所以，他
拒絕行刑者用黑布蒙住他的眼睛，是不是最後想看
一眼安娜？哪怕眼前漆黑得什麼也看不見。黑暗
中，行刑者拉響了槍栓，「砰」地一聲，軍人高爾察
克癱軟在安加拉河的冰面上，不遠處，正好是數天
前教堂為給信徒洗禮，在安加拉河上鑿出的十字，
高爾察克還溫熱的屍體被塞進了十字裡，此時，電

衛國戰爭紀念廣場

影用鏡頭語言讓慢慢下沉的高爾察克屍體像是在翩翩起舞——就在高爾察克從鄂木斯克前來伊爾庫次克的火車包廂裡，安娜對高爾察克說：「我們還沒有一起跳過舞呢！」

高爾察克

如果伊爾庫次克 1920 年的 2 月像 2017 年的 1 月一樣只冷到零下 20℃而不是零下 40℃，高爾察克和他的部隊在鄂木斯克也就不會遭遇到零下 60℃的極寒天氣，他還會是小說《鋼鐵是怎樣煉成的》裡被保爾·柯察金貼上「匪幫首領」標籤的白軍頭目嗎？歷史不容假設。歷史是任人打扮的女孩。如果沒有這次西伯利亞之旅，在我的頭腦裡，高爾察克就是一個匪幫頭領，這個認知，來自一本在此地流傳度相當廣泛的小說——奧斯特洛夫斯基的小說《鋼鐵是怎樣煉成的》。

初讀這本小說，我還是個小學生，1970 年代。那時，我們能夠讀到的小說——尤其是外國小說——並不多，但是我從大人那裡學來了一招，我會從那些革命小說的邊邊角角裡尋找有意思的味道。讀奧斯特洛夫斯基的《鋼鐵是怎樣煉

安加拉河上的十字

成的》，當然會慨嘆保爾·柯察金與冬妮婭之間無果的愛情，「匪幫頭領高爾察克」也激發起我濃厚的興趣，但那時年齡太小，也無從得到高爾察克的資料。後來，閱讀之門大大敞開，特別是有了網路後，我可以輕而易舉地獲知高爾察克的真實面目，可惜，我的興趣也被如萬花筒般的大千世界牽走了，於是，匪幫頭領成為固化在我頭腦裡的高爾察克。

　　亞歷山大·高爾察克是沙皇時期俄國艦隊司令，十月革命爆發以後，高爾察克集合起沙俄軍隊的殘部，在英國的援助下於西伯利亞小城鄂木斯克成立了獨立政府，妄圖與蘇聯紅軍對抗繼而占得上

風，復辟沙皇政權，所謂重振俄羅斯民族的雄風。但現實是，乘勝追擊的蘇聯紅軍不斷給高爾察克部隊猛烈攻擊，1919 年 11 月，鄂木斯克被紅軍攻占。為了保存實力，高爾察克決定率部橫穿 6,000 多公里的西伯利亞，逃往太平洋沿岸，在那裡尋求日本的支持，以求東山再起。亡命之路途徑伊爾庫次克時，以法國人熱南為代表的西方協約同盟，為了自身的利益，將高爾察克出賣給了孟什維克。

自 1920 年 2 月 7 日高爾察克被槍殺，並沉屍安加拉河的這 100 多年間，關於他是非功過的評判，似乎從未停歇過。到了 2010 年代，塵封在高爾察克名字上的誤解漸漸得以消散，我們知道，1874 年出生於聖彼得堡一個海軍炮兵軍官家庭的高爾察克，受家庭影響，從小就對軍事有著濃厚的興趣，一心想要成為英武的軍人。像他這樣家庭背景的孩子，在沙俄時期的俄羅斯，想要脫穎而出只有刻苦學習以證明自己是頂尖人才，所以無論在普通學校還是在軍校，高爾察克的學業成績始終排在年級第一位，最終他以排名第二的成績，在 1894 年畢業於海軍武備學校。其中還有個美麗的傳說，說高爾察克完全可以以年級第一的排名榮耀走出學校，但他堅持認為一位名叫菲力・波夫的同學更有資格獲得第一，就拚命謙讓。從學校畢業以後，高爾察克參

加了日俄戰爭中的旅順會戰，並在第一次世界大戰中出任波羅的海艦隊水雷總隊隊長，當軍艦在波羅的海遭遇德國軍艦後，被德國人炮擊得幾近沉沒大海，水雷總隊隊長高爾察克毅然決然地決定軍艦越過自己布下的水雷區，成功避開了漂浮在大海裡的水雷，同時還將德國軍艦引入水雷區，電影《末世薔薇》中德國軍艦在高爾察克率部布下的水雷陣裡灰飛煙滅時，這位驍勇水兵的智慧真叫人感佩。雖然因為戰功顯赫，高爾察克很快就榮升為黑海艦隊司令，並在次年晉升為海軍上將，我還是要忍不住假設，如果高爾察克不是選擇軍人，而是選擇北極探險，他的人生將會怎樣呢？

　　1899 年底，高爾察克收到俄國著名極地考察家托爾男爵去北極的探險邀請書後，暫時調入彼得堡皇家科學院，作為水文學家參加即將出發去尋找傳說中「桑尼科夫之地」的探險隊。1900 年夏，「曙光」號破冰船載著托爾的考察隊起錨，向北冰洋的新西伯利亞群島前進出發。1902 年春，考察隊終於到達新西伯利亞群島，但繼續往北的航路被冰群阻斷了，高爾察克等人只好沿著原路返回。在北極地帶度過的整整 2 年時光裡，高爾察克參與其中的俄國探險隊，第一次考察了遼闊的極地，為俄國疆域地圖增添不少新的島嶼，其中位於卡拉海的島嶼就是

以高爾察克的名字命名的（由於蘇聯當局的疏忽，該島直到 1937 年才改名為「拉斯托爾古夫島」，以紀念這支考察隊中一位駕駛雪撬的工人）。高爾察克還用「索菲亞·奧米羅娃」命名了本內特島的一個海角，不久後她成了高爾察克的妻子，彼時兩人正陷於熱戀，卻 2 年不能謀面，高爾察克將自己的相思寄託給北極地帶一個叫本內特島的海角。

索菲亞·奧米羅娃

海角長存，愛情易逝，索菲亞·奧米羅娃海角今還在，可是，高爾察克與索菲亞之間的愛情，隨著安娜的出現，消失殆盡 —— 這也是我最不滿意電影《末世薔薇》的地方，絲毫不提高爾察克對北極探險的貢獻，而是大肆鋪陳他與安娜之間的愛情故事，看看人們在看完《末世薔薇》的留言吧：「關於白軍統帥高爾察克的故事，主角顯得過於英雄，不甚了解暫就不予置評。但影片渲染的畫面頗感貼切，可清楚呼吸到那個時代的氣息」、「題材很吸引人，無奈以愛情作為大時代變遷和人物悲劇命運的切入點及貫穿線，實在很糟糕，高爾察克倘有魅力，也絕不在其風流韻事，身

高爾察克雕塑

為學者、北極探險家、日俄戰爭後的俄海軍重建挑大梁者、黑海艦隊司令官、流亡的將軍、被紅色政權處決的反革命首領，如此一生要塞進 2 小時已很勉強，還被贅筆占走大篇幅，可惜」……。

可惜。為什麼要把生命奉獻給瞬間就會變成齏粉的戰場，而不是能夠萬古長青的探險？我想得到答案，就再度去往高爾察克的葬身之處──安加拉河。出飯店大門時還風和日麗，10 分鐘以後，到了聖女修道院門外時，突如其來的雪霰讓我看不清伸手之外的同遊者，更不要說一路之隔的安加拉河了。我想要一個答案，就穿過密密匝匝的雪霰來到河邊。奇怪的是，對岸樹上的霧淞依稀可辨，眼下的安加拉河，卻是惛惛一片，連是流動著還是結成冰，都看不清楚。遊伴叫喚我，再等待下去，下面的旅程恐難完成，我只好一步一回頭地離開安加拉河。待我步行到基洛夫廣場，漫天雪霰突然停住，再回頭張望安加拉河，自上而下天空開始一層一層地澄明起來，清澈與含混的界限，分明得叫人驚愕。天象是在用一種特別的方式告訴

我，他人心不可猜嗎？

　　離開伊爾庫次克那天氣溫回升到了零下 12℃，可是對南部人來說，這樣的溫度最好還是待在暖氣充足的房間裡等待出發時間臨近。我選擇第三次親近安加拉河。出了飯店大門，漫天大雪飄灑得歡勢，我三步併作兩步地走到河邊，河水依然湍流不息。但層層大雪覆蓋上去，讓我眼前重現電影裡的那個場景：一身白衣的高爾察克還溫熱的屍體被塞進了冰面上被鑿開的十字架裡，翩翩舞蹈著沉向安加拉河河床。

　　天空說，讓我們用一場大雪祭奠這位真正的軍人吧！

高爾察克葬身地安加拉河

西伯利亞冰原大遠征：硬幣的兩面

伊爾庫次克 130 俄羅斯風情街一家名叫 Рассольник 主供俄餐的餐廳，相信凡是到過伊爾庫次克的華人都會去坐坐。除了攻略上將其列為必去景點外，用唱片、老式電視機以及 1970 ～ 1980 年代舊物點綴其間的餐廳，讓人一邁入就被濃濃的懷舊風包裹。不過我要說，這家餐廳對華人遊客最大的吸引力，在於它準備了中文菜單。可是，伊爾庫次克女孩不懂中文呀！於是很少見的一幕出現了：我們捧著中文菜單點我們想點的菜餚，女孩則依圖片對應到自己手裡的俄文菜單，再往點單上寫下菜名。這番折騰，非常值得，因為這家餐廳的東西，味道實在不錯，尤其是兩道湯：紅菜湯和酸黃瓜牛肉湯。更有意思的是，不知店家出於何意，中文菜單還列有一些菜餚的製作方式，比如這道酸黃瓜牛肉湯：（俄式酸黃瓜湯的原料為馬鈴薯、胡蘿蔔、洋蔥、大麥米、酸黃瓜和酸黃瓜水。正宗酸黃瓜湯的味道香濃，微鹹微酸。喝酸黃瓜湯時加上優酪乳油，再配上新鮮的黑麥麵包，味道會更美。）將煮半熟的大麥米放入肉湯中，當大麥米煮軟後加上馬鈴薯塊，再接著煮。酸黃瓜去皮切成小塊，放入平底鍋裡，加入少量水，小火燜燉。平底鍋放少許油，油加熱後加入切成小塊的洋蔥和絲狀的胡蘿蔔，煎至呈現金黃色，然後再加入番茄醬或碎番茄，再燜一會兒。煎好的酸黃瓜和蔬菜放入肉湯

裡，加入月桂葉、胡椒粒，放適量鹽。大麥米和馬鈴薯煮熟後，湯就可以出鍋了。盛到碗裡，加入優酪乳油和香芹。

酸黃瓜牛肉湯

　　手指劃過菜單上這段略帶半生不熟的漢字，我突然領悟到：莫非這就是羅宋湯的源頭？

　　1970 ～ 1980 年代，去飯店吃一頓飯一定與人生大事，比如婚嫁迎娶相關。如果可賀之事只限於兩個人之間，許多人會選擇去西餐廳。羅宋湯是怎麼傳播出去的？在 130 風情街的餐廳裡品嘗著純正的紅菜湯和酸黃瓜牛肉湯，我自問：也許，跟高爾察克軍隊的「西伯利亞冰原大遠征」有關？

　　1920 年 2 月 7 日，隨著高爾察克被沉屍安加拉

河，宣告由他集結起來的沙皇軍隊殘部徹底敗給了紅軍。可是，這支部隊並不想這麼輕易認輸，高爾察克死了，他的計畫還在，就是「西伯利亞冰原大遠征」——橫穿 6,000 多公里的西伯利亞，逃往太平洋沿岸，用從喀山國庫裡獲取的 16 噸黃金作為籌碼尋求日本的支持，以待東山再起。高爾察克死了，卡普佩爾[68] 率領這支敗軍踐行高爾察克的計畫，從走過封凍了數公尺深的貝加爾湖開始。

卡普佩爾

2017 年 1 月 19 日，從伊爾庫次克出發，經過 5 個多小時的汽車顛簸，我們抵達貝加爾湖畔等待氣墊船將我們擺渡到奧爾洪島。不知何時，去奧爾洪島看藍冰成為一種時尚。出發去奧爾洪島的路上，我們被提醒，遊客太多，渡船太小，不那麼幸運的話，我們要在渡口等上 4 個小時。要在零下 20 多℃的野外待上 4 個小時？「一定要多穿一點」，所有的攻略都這麼提醒我們，可是，我已經穿上像被子一樣的羽絨大衣，出發前特意買的羽絨褲也已上了身，還要怎麼穿？

---

68 卡普佩爾（Vladimir Kappel, 1883 ～ 1920），俄羅斯帝國將領、俄國白軍領袖。

　　到達渡口的時間是下午 2 點多，頭頂上的太陽有氣無力地照耀在凍成冰面更顯寒光凌凌的貝加爾湖上。我用手機隨手拍了一張照片發到朋友群組裡，「等待諾亞方舟，像嗎？」引來無數好友規勸：「看起來好冷，別等了，趕快回家吧！」冷嗎？雖然溫度已經低至零下 28℃，我卻不覺得特別冷，可是才想回覆規勸我回家的朋友們，但手指已經握不住手機，臉頰開始有被刀割的痛感，貼了暖暖包的腳趾也發痛……幸虧等待渡河的遊客並不如我們預想的那麼多。渡口到奧爾洪島之間的貝加爾湖有多寬？氣墊船在冰面上飛馳了 10 多分鐘。上岸以後再上車，那種老舊的越野車在荒無人煙的島上又橫衝直撞了近一個小時，我們總算抵達了預訂的留宿地，一家由華人經營的三層木製小樓。

　　放下行李，循例出門到飯店周邊走走，並不如想像的那麼冷嘛！

　　當然是我想錯了。

　　奧爾洪島，幾近無人的貝加爾湖上的一個小島，區區 1,500 人居住在一個名叫胡日爾的小村裡。到奧爾洪島遊玩，一般需要留宿三晚。無論從島外的何處來到島上，最短的時間需要 6、7 個小時。離去，哪怕是到距離最近的城市伊爾庫次克，6 個小時也是必需的。島上，又有南線和北線可供遊玩。

或許有人會問，為何不將南線和北線合併到一天玩完？夏天或許可以，冬天？早上 9 點多才日出，晚上一過 5 點天就全黑，至少零下 20℃的低溫，誰能忍受冬日夜晚的奧爾洪島？

可是有一群人沒有選擇地必須日夜行走在冰封的貝加爾湖上，我說的是頂替高爾察克的弗拉迪米爾·卡普佩爾率領的白軍殘部，只是，他率領這支隊伍的方式獨特得恐怕前無古人後無來者，他是躺在棺槨裡由士兵扛著，帶領隊伍抵達契塔的。

胡日爾村

　　弗拉迪米爾‧卡普佩爾，光看他的名字就不像是純粹的俄羅斯人，這位瑞典裔俄羅斯人，與畢業於軍事預備學校的高爾察克是校友，也是高爾察克的得力助手、忠實朋友。鄂木斯克被紅軍攻陷後，高爾察克從小城撤離前往伊爾庫次克。還在路途中，他們就獲知伊爾庫次克也已經被紅軍攻克，卡普佩爾受命率軍反攻，好讓高爾察克安全進入伊爾庫次克。

　　一般而言，鄂木斯克、伊爾庫次克冬天的氣溫最多低到零下 30℃，可是 1919 ～ 1920 年的冬天，兩座城市的溫度都下行超過了零下 40℃。惡劣的天氣，路途又不短，部隊行軍的速度非常緩慢，這可急壞了卡普佩爾，他想以自己的行動激勵士兵們，沒有看清楚前面的路就匆忙趕路，跌入了冰窟，造成下肢嚴重凍傷。電影《末世薔薇》中，當鏡頭暫時從高爾察克與安娜的愛情那裡轉向卡普佩爾時，醫生正建議他截肢。猶豫了許久 —— 怎能不猶豫呢？身為一名職業軍人，身為一名有理想的職業軍人，沒有雙腳意味著什麼，卡普佩爾太清楚了。所以，他問醫生：「可以不截肢嗎？」得到否定的答案後，鏡頭給了卡普佩爾凍傷了的腳，已經嚴重炭疽化了。手術開始了，冰天雪地的野外，能怎麼做手術呢？卡普佩爾咬住毛巾，醫生手裡像是刺刀的手

術刀在火焰上烤了烤，就切向了卡普佩爾的腿，一聲慘叫響徹銀幕內外……不久，卡普佩爾死於手術感染，但是，他的軍隊覺得，高爾察克已經被抓，如果再沒有卡普佩爾，行軍 6,000 多公里越過西伯利亞到達計畫中的太平洋彼岸，將是不可能完成的任務，就這樣，士兵們帶上了躺在棺槨裡的卡普佩爾。

寒冷和日光短促，決定了奧爾洪島的南線遊和北線遊必須分 2 天完成。北線遊，是下到封凍的貝加爾湖裡觀賞藍冰和氣泡。貝加爾湖水清澈無比，如果氣溫夠低，封凍的冰面夠厚，我們站在冰上看腳下的貝加爾湖，就是幽藍色的，是為藍冰也，真是美得不可方物。至於氣泡，是因為貝加爾湖深處的溫度高於水面，湖底會不斷有氣泡湧上湖面，可未及到達湖面，氣泡們已經被凍成了各種形狀：單個的、成串的，圓潤的、殘破的，各有各的美麗。那一天的奧爾洪島北線遊，越野車載著我們奔走在奧爾洪島上最佳觀看藍冰的地點，從這個點到另個點，車子都要在無人區裡行駛半小時以上，而每個點上的藍冰和氣泡，因為地形不同、溫度不同，呈現得美麗多姿，以致我們突破了只能在野外待半小時的極限。當然，每次回到車上，臉是痛的，腳是痛的，手指是凍僵的，說話是含混的，手機一定是

被凍死的。

可見，人定勝天是種多麼不負責任的勵志呀！於是想到，白軍敗走貝加爾湖，實在是無奈之舉，不是嗎？ 35 萬軍人外加數以萬計的貴族家眷、教師學者、神職人員、商人乃至普通市民，在 70 萬紅軍追兵逼迫下，亡走在凍成鏡面的貝加爾湖上，他們要忍受什麼樣的寒冷呢？我在奧爾洪島的南線遊中對這種凍徹骨的寒冷有了一丁點體會。

薩滿柱

　　與北線遊不同，奧爾洪島的南線遊主要是站在
山口遠眺貝加爾湖。一輛退役的嘎斯（伏爾加）軍
車帶著我們從這個山口奔向下個山口，幾乎在無人
區裡奔馳了 5 個多小時，總共 6 個山口讓我們對寒
冷有了不同的深切體會。無風的山口，我們或能假
裝勇敢地走到崖邊觀賞白皚皚的山、白皚皚的水，
渾然成一片仿若天外氣象的大自然奇景；有微風的
山口，我們之中自恃強壯的還能頂著風艱難地漫步
到遠處看看地球荒漠的景象；到了疾風勁吹的山
口，旅伴中有幾人一出車門就被吹回車裡，我頂著
風奮力跋涉不到 5 分鐘，只好向自然投降，哆嗦著
回到車裡。

　　車又在一望無邊的荒原上急奔，開了暖氣的車
裡，我卻感覺猶如冰窟。我不禁想到，100 年前被
紅軍打到貝加爾湖冰面上的高爾察克殘部和那麼多
隨軍人員，是怎麼走向無望的前方的？有的士兵走
著走著實在抵擋不住困倦，剛一停頓就被凍死，死
時就是他最後一步的樣子；有的隨行人員一個趔趄
跌倒在冰面上，就再也沒有爬起來，凍住的是他跌
下去的瞬間……。一位軍官，妻子臨盆，本能的羞
恥心讓他把自己當成牆，以免趕路的士兵目睹正在
生產的妻子。須臾，軍官真的變成了一堵牆，而他
的妻子和剛剛來到世上的嬰孩，剎那間也凍成雕塑

狀。敗走的白軍、白軍的隨行人員、追擊的紅軍，將近百萬想要完成「西伯利亞冰原大遠征」的俄羅斯人，最後抵達靠近中國邊境小城契塔的，只有區區 30,000 人，其餘的，都無法抵抗冰原上零下 60 多℃的酷寒，以各種姿態留在貝加爾湖超過一公尺的堅冰上。這些保持著身前最後姿態的人體構成的畫面，直到來年春暖花開、冰雪消融後，屍體沉入貝加爾湖底才消失 —— 這是一幅光想像都能讓人驚恐萬分的畫面。

至於創造了人類奇蹟抵達契塔的白俄，迫於生計不得不進入中國境內，有的人在哈爾濱停住了腳步，包括棺槨裡的卡普佩爾，他的遺體被埋葬到哈爾濱的聖伊維爾教堂。文革期間，教堂遭到破壞，但卡普佩爾的遺骸因埋入地下並未受到損害。2006 年 12 月 19 日，卡普佩爾的遺骸被起出，從中國運送到伊爾庫次克，於 2007 年 1 月 13 日葬入莫斯科的頓斯科伊修道院。

沒有在哈爾濱停下腳步的白俄，有的流向了上海。十里洋場的上海，看不起白俄，稱羅宋湯是一鍋亂七八糟的東西。無論如何，白俄豐富了西餐的品種，相對於烹飪方式繁冗的法餐、義式大餐，更易於製作的羅宋湯很快成為華人家庭許許多多主婦們的拿手菜：鍋熱後投入適量奶油，奶油融化後，

放入少量麵粉，開小火炒至飄出麵粉香，加水、加鹽，加入切成細條狀的高麗菜、番茄和馬鈴薯，蓋鍋蓋。鍋開後，投入切成細條狀的紅腸，鍋再開後，加番茄醬和少許牛奶，一鍋羅宋湯完成了。

史特拉汶斯基，以毀滅為樂？

雖有七年之癢，但鮑羅定的《夜曲》經久不衰

天才是上帝最脆弱的孩子

鐵幕堅不可摧？有人穿牆而過

偉大的作曲家，卑劣的丈夫？

鄉愁如潮水，退後一片荒蕪

寫在五線譜上的俄羅斯聲音，從這裡散播出去

一枚棋子？照樣走遍全世界

一走近柴可夫斯基，就惜怯

愛你入骨，但不承諾永遠

所謂大師，能從錯綜複雜的世俗中犀利地看到必然

城市雕塑：伊爾庫次克的城市記憶

高爾察克：倘有魅力，不在愛情

西伯利亞冰原大遠征：硬幣的兩面

十二月黨人：被貶到邊地也熠熠生輝

教堂處處、慰藉處處

伊爾庫次克的國際機場非常簡陋，被到過那裡的遊客形容為小鋪，雖大不敬，卻離實情差不太遠。從那樣的機場出來，搭乘疑似黑車的 42 號公車進城。天氣寒冷，想要隔著車窗觀望伊爾庫次克市容，車窗已經被一層薄冰遮蔽得什麼也看不見，車停靠在卡爾·馬克思大街，我們下車後，踏著雪地旋轉了 360 度，滿目都是有點年紀的老建築，滿心歡喜。

等到坐在伊爾庫次克機場的候機廳等待當天唯一一班飛機回家時，才由衷地感受到我們領隊預訂的飯店有多麼好！從伊爾庫特酒店出發，計程車行駛不到 10 分鐘，我們就進入到伊爾庫次克的新城區，那些醜陋的火柴盒式的民樓比比皆是，讓我回過神來：伊爾庫次克也經歷過史達林時期、赫魯雪夫時期、布里茲涅夫時期……這些時期為城市添上的建築疤痕，不知道何時才能癒合？

同樣難以癒合的，是被稱作十二月黨人的那群愛國者留在俄羅斯歷史上的傷痛。那尊舉世聞名的雕像：一位美麗的女子手拿書卷遠眺前方，身邊的燭臺上擱著的一支鵝毛筆特別引人注目。是一位溫文爾雅的知識女性，如果告訴你這尊雕像的名字叫「十二月黨人的妻子」，你就一定不會覺得意外：十二月黨人的妻子，幾乎都是溫文爾雅的知識女

性。除此之外，她們都堅信自己愛人的政治抱負是正確的，並願意拋棄自己在莫斯科或彼得堡的優渥生活跟隨丈夫或愛人去西伯利亞承受被貶之刑。

我要找到這尊雕像，用我的方式祭奠她們。

遊玩伊爾庫次克市內景點，除了喀山聖母大教堂需要搭乘交通工具外，都可以步行到達，謂之綠線。我以為所謂綠線只是種叫法，哪裡想到，伊爾庫次克真的在人行道上畫了一條顯眼的綠線，你只要沿著這條綠線慢慢往前走，兩天吧！就一定能走遍攻略上所有伊爾庫次克市內的景點 —— 卻沒有這尊名叫「十二月黨人的妻子」的雕像。

安加拉河河邊的凱旋門當然在綠線裡，這座低矮又粗糙的凱旋門，我的旅伴一看就表示不以為然，可是，如果知道伊爾庫次克城就起始在這裡，誰還敢輕慢在全世界凱旋門中排不上位的這一扇？

1661 年，伊爾庫次克建城，舊名叫奧斯特羅格，距今已有 356 年的歷史，不過，這座俄羅斯遠東第二大城市真正興盛起來，要等到建城 160 多年後的 1825 年 12 月，那年俄國爆發了舉世聞名、對俄羅斯後來的發展有至關重要影響的十二月黨人起義。

1789 年法國大革命的爆發和拿破崙的崛起，撬開了歐洲穩定了數個世紀的君主專制。隨著君主專

制被撕裂，歐洲各地的自由思想澎湃而起，率先爆發大革命的法國，更是成為歐洲老大威脅周邊封建諸國的苟且。保守、自私的君王和政客不想看到拿破崙獨霸歐洲，英國、普魯士、奧地利、西班牙、俄羅斯等國齊聚奧地利首都維也納，組成反法聯盟。於是，歐洲形成這種格局，代表資產階級的拿破崙對抗法國以外所有封建的歐洲諸國，最後的結果是，拿破崙戰敗，本人被流放到聖赫勒拿島，法國封建勢力復辟，各封建國家組建了維也納體系，來遏制資產階級的萌芽和發展。

從此歐洲陷入了近 30 年的倒退。雖然如此，法國資產階級關於自由、平等、博愛的啟蒙思想已經如火種般播撒到想要改變社會現狀的知識分子心田，俄羅斯的十二月黨人，就是這樣一群有識之士。

爆發過資產階級大革命的法國，復辟了。作為維也納聯盟的中堅，19 世紀初的俄國，更是專制集權的封建帝國，顯著的特徵就是保留著野蠻、腐朽的農奴制度。原本就非常黑暗的社會形態，又因為要充當歐洲憲兵，支撐起軍隊費用的錢財，必須要到民間去搜刮，導致俄國人民的生活異常艱難。俄國貴族，有到法國巴黎參加社交的傳統，他們在領略巴黎時尚的同時，也被法國啟蒙主義思想薰陶。

一邊是對自由、平等、博愛的嚮往，一邊是祖國野蠻、腐朽的現狀，強烈的對比深深刺激著俄國的貴族和知識分子，萌發了「改造祖國」的願望。

1816 年，貴族青年軍官穆拉維約夫和彼斯特爾在彼得堡建立了第一個祕密政治團體——救國協會。1818 年，又在莫斯科組成了有 200 人參加的第二個祕密團體——幸福協會。這兩個祕密團體的成員，熱情地宣傳民主思想，反對專制，但卻因在鬥爭方式上存在分歧而相繼宣告解散。與此同時，上述兩個團體在俄國南方的一些成員，卻在彼斯特爾的領導下組成南方協會。他們經常祕密集會，閱讀進步書刊，主張消滅皇族，廢除農奴制度，建立統一的共和國。他們的主要綱領充分展現在彼斯特爾所寫的《俄羅斯真理》之中，這是俄國革命運動史上第一部共和國憲法草案。

1825 年 11 月 19 日，沙皇亞歷山大一世突然去世。專制統治者的死訊，像一道閃電點燃了十二月黨人心頭之火，他們決定提前在尼古拉一世繼位之日舉行起義，由 S.P. 特魯別茲科伊公爵擔任統帥。起義持續到了 1825 年 12 月 14 日，這天，天氣寒冷，白雪皚皚的俄國首都彼得堡城裡，一大早，3,000 多名俄國陸海軍官兵，從各自的營房出發，列隊走向彼得堡市中心的元老院廣場。他們表情

嚴肅，刀劍出鞘，一路高呼「拒絕宣誓」、「反對宣誓」、「要求憲法」、「要求民主」的口號。上午 10 點，陸海軍官兵們在元老院廣場彼得一世銅像旁排列成戰鬥方陣，荷槍實彈， 他們的槍口指向了正在準備登基的尼古拉一世。還有一群人，他們的手中沒有武器，但是，他們一陣陣憤怒的響徹雲霄的口號，如尖刀直刺尼古拉一世的心臟，他們，就是一批具有民主思想的貴族青年和知識分子領導的起義隊伍。起義軍官率領士兵到達彼得堡參政院廣場，意外發生了，起義的統帥特魯別茲科伊臨陣脫逃，這讓起義軍陷入群龍無首的泥潭。得知此情形，尼古拉一世立即調動軍隊，用大炮轟擊廣場，血腥鎮壓了起義，殺害了不少聚集在廣場周圍的群眾。彼得堡起義的消息傳到南方後，南方協會會員於 1826 年 1 月 10 日發動駐烏克蘭的車尼希夫（車尼哥夫）兵團起義，不久也告失敗。

十二月黨人的起義失敗了。尼古拉一世不能容忍治下的臣民居然敢在他登基的這天發動起義，對十二月黨人進行殘酷的懲罰。著名領袖佩斯捷利、S.I. 穆拉維約夫 - 阿波斯托爾、M.P. 別斯圖熱夫 - 留明、P.G. 卡霍夫斯基和 K.F. 雷列耶夫被判處絞刑，穆拉維約夫、特魯別茲科伊等 100 餘人被流放到西伯利亞服苦役或定居，大批士兵被判處夾鞭刑。

　　沙皇的侍衛武官謝爾蓋·沃爾孔斯基也參加了起義。起義失敗後，或許因為昔日的身分？謝爾蓋·沃爾孔斯基沒有被流放到西伯利亞做苦役，而是被流放到伊爾庫次克定居。被迫離開彼得堡時，謝爾蓋·沃爾孔斯基美麗的妻子才 20 歲，這位有著出眾美貌又優雅博學的女人，決定跟隨丈夫去伊爾庫次克，兩人在西伯利亞這座相比彼得堡荒蕪許多的城市裡，沒有放棄對生活的美好嚮往，而是將自己的居所變成了當時伊爾庫次克的文化沙龍，而今，他們曾經的居所成了十二月黨人紀念館。

十二月黨人紀念館外觀

　　我差勁的英文不足以讓人明白，我想要找的是「十二月黨人的妻子」的雕像。我下載了那尊雕像，舉著手機詢問伊爾庫次克的路人，請他們告訴我它在哪裡，他們的回答，我又聽不懂，看來，與雕像只能擦肩而過了。惟其如此，我想我一定要去十二月黨人紀念館，就在 130 俄羅斯風情街的那家餐廳裡，請服務生在 Google 地圖上找到從我下塌的伊爾庫特酒店去那裡的路徑，不近，滿滿我不認識的俄文讓我不敢輕易尋找過去。到了奧爾洪島上的飯店，一看老闆是中國人，就問他回到伊爾庫次克後，我該怎麼從伊爾庫特酒店去十二月黨人紀念館。他在他的手機上滑了好一會兒，回答：「我不知道怎麼跟妳說。」

　　坐在從利斯特維揚卡小鎮回伊爾庫次克的公車上，我沮喪到了極點：再在伊爾庫次克住一晚，就要回家了，難道，這次真的去不了十二月黨人紀念館了嗎？就拿出手機碰碰運氣。運氣真的來了，我們搭乘的公車終點站在伊爾庫次克的公車總站，從那裡去十二月黨人紀念館，只需要步行 6 分鐘！已是下午 4 點鐘，我祈願車子開快一點，好讓我在閉館前走進紀念館。

　　4 點半不到，車子駛進了伊爾庫次克公車總站。還有 1.5 小時紀念館就要關門了，我們不敢造

次，從公車總站出來後，過馬路，擱下行李箱，掏出手機問一位中年婦女，她要我們到前面路口右轉，我們拖起行李箱走了幾步：不對呀！Google 地圖明明要我們左轉的呀！那位婦女追了上來，告訴我們應該左轉。我們笑著走到第一個路口向左過了馬路，不見大路，只有一條弧度優美、蓋滿白雪的小路，怎麼辦？教堂門前總有乞討的流浪者，路口的這間小教堂也不例外，就問他。他手掌向上地表示不知道。不肯死心，再走兩步，敲了一輛私人轎車駕駛的玻璃窗，體型壯碩的大叔先是在車裡比劃了一陣子，見我們還是一頭霧水，索性下車轉身一指。呀！可不是嘛！那棟淺藍色的木製兩層小樓。連忙謝過大叔後，奔將過去，卻推不開大門，急得我團團轉！幸好，離場的參觀者拉開了大門，是的，參觀者太少，十二月黨人紀念館在這個冬日的黃昏顯得那麼寂寥，我走進紀念館被老太太要求脫掉外套，取衣牌的號碼是 1 號，告訴我此刻我是唯一的參觀者。

　　暖氣充足、燈光明亮，我慢悠悠地漫步在這棟昔日謝爾蓋·沃爾孔斯基夫婦的寓所裡，從起居室看到會客廳，從書房看到琴房，從臥室看到餐廳，精美的餐具，精美的鋼琴，精美的家居，精美的禮服……一時間，我像那些將參觀十二月黨人紀念館

足跡留在網路上的遊客一樣心生羨慕：被沙皇流放了還能過這樣的日子呀！不錯，相對於大多數流放者而言，謝爾蓋·沃爾孔斯基是幸運的，他們不需要去西伯利亞的苦寒地做苦役，也沒有被流放到距離家鄉更遠的契塔，即便被迫離開了彼得堡，富足的家庭還是能幫他們在邊地建造這麼一所舒適的居所，這也更讓人們難以理解：既然已經成為在俄羅斯過上好日子的人群，十二月黨人為什麼要起義反對尼古拉一世呢？尼古拉一世也有過我這樣的疑惑嗎？自己身邊的侍衛武官居然參加起義，百般不解以後，並不想從肉體上消滅他，而是讓他遠離彼得堡、遠離思想活躍地，在孤寂又百無聊賴的邊地城市，謝爾蓋·沃爾孔斯基的起義之心一定會被得不到迴響的伊爾庫次克絞殺，所謂誅心也。

殊不知，孤寂也好，百無聊賴也罷，都是人類感知世界的情感投射。內心豐滿的人，又怎麼會被寂寞的環境絞殺？謝爾蓋·沃爾孔斯基夫婦索性把居所變成了文化沙龍，他們邀請也被貶到這裡，以及到伊爾庫次克認識的朋友，在這裡交流讀書心得、聆聽音樂、觀賞畫冊、共用美食……漸漸地，這種生活方式在伊爾庫次克傳播開來，城市開始漸漸形成我們現在領略到的模樣：形態各異的木造小樓在老城區裡比比皆是，沿著城市遊覽綠線走不了

十二月黨人紀念館裡，保留了當年文化沙龍的模樣

十二月黨人紀念館內部 1

幾步，就會有一座可愛的老建築讓你邁不開腳步，至於那種因年代久遠原木已呈深褐色的木結構建築，大概是彼時不怎麼富裕的市民居所，它們與那些有錢人講究的建築相雜在伊爾庫次克，讓這座城市別有風韻！

別有風韻的，還有伊爾庫次克人。零下 20 多°C的天氣裡，除了我們這些外國人會包裹著看不到體型的厚羽絨服外，當地人 —— 特別是窈窕淑女，都是身穿款式精緻的長大衣，再足登一雙俏麗的長靴。走進暖氣充足的室內，她們一定會脫去大衣，哪怕在室內她們只會停留幾分鐘，這時我們會看見她們一定穿著時尚的裙裝。有著漫長嚴寒季節的伊爾庫次克，女人們還這麼酷愛較為時尚的裙裝，是不是跟一個人有關呢？這位法國女孩的愛人被流放到了契塔，她在伊爾庫次克等待沙皇的准許，去契塔見心上人。等待的日子裡，法國女孩在伊爾庫次克開了一家時髦的服裝店。

十二月黨人起義失敗快要 200 年了。190 多年前被沙皇流放到伊爾庫次克的彼得堡貴族、知識分子改變了城市的風貌，可惜的是，190 多年後的今天，人們只願意享受前人帶到伊爾庫次克的華服和美食 —— 小小的伊爾庫次克，供應美食的餐廳真不少，只留十二月黨人紀念館寂寞著。那位接過我

厚重羽絨服的老太太，在交還我衣服之前，一定要
讓我看看那張照片。照片上長長的隊伍排在十二月
黨人紀念館門外，他們正焦急地等待著進門參觀。
那年，是 1985 年。

十二月黨人紀念館內部 2

史特拉汶斯基，以毀滅為樂？

雖有七年之癢，但鮑羅定的《夜曲》經久不衰

天才是上帝最脆弱的孩子

鐵幕堅不可摧？有人穿牆而過

偉大的作曲家，卑劣的丈夫？

鄉愁如潮水，退後一片荒蕪

寫在五線譜上的俄羅斯聲音，從這裡散播出去

一枚棋子？照樣走遍全世界

一走近柴可夫斯基，就情怯

愛你入骨，但不承諾永遠

所謂大師，能從錯綜複雜的世俗中犀利地看到必然

城市雕塑：伊爾庫次克的城市記憶

高爾察克：倘有魅力，不在愛情

西伯利亞冰原大遠征：硬幣的兩面

十二月黨人：被貶到邊地也熠熠生輝

教堂處處，慰藉處處

　　從我們下塌的伊爾庫特酒店那扇窄窄的小門出來，左轉，見第一個路口，右轉過馬路，往前走兩個路口再右轉，安加拉河大酒店下一家超市前，有個公共汽車站，我們在那裡等 64 號車，前往喀山聖母大教堂。

　　兩天來，我觀察到，伊爾庫次克的公共汽車站往往一個當十個用，這讓我有些擔憂。伊爾庫次克的冬天，在戶外等車超過 10 分鐘，是不可想像的事情，可是伊爾庫次克的公共汽車就這麼均勻地，數分鐘就來一輛，冰天雪地的，人家是怎麼做到的？「人少呀！」旅伴說，好像不盡然吧！議論中，64 號來了。

　　已經有過搭公共汽車的經驗，這次我們不再疑神疑鬼，也不慌慌張張地湊零錢了。一個人的公共汽車，司機也是售票員，沒有公車卡，也沒有刷卡後會「嗶」一聲通知司機的驗票機，銀貨兩訖全憑乘客下車時遞錢給司機，若是大面額的鈔票，司機還會找錢。一張票 15 盧布，哪怕給出去的是 20 盧布，司機也非得找你 5 盧布，滿車的乘客也不會因為司機翻來翻去地找 5 盧布而著急。

　　車子啟動，我們五個每人一個座位，坐在 64 號公車裡就等喀山聖母大教堂那一站了，卻不止一個當地人向著我們嚷嚷。見我們一臉懵懂，又比劃。

喀山聖母大教堂

懂了，我們搭錯方向了。正好車子停站，我們慌忙下車後，穿過馬路再等 64 號，這才想到剛才慌亂中沒有買票！司機怎麼也不叫住我們？

一番折騰，五人中有人發問：

為什麼一大早要去看教堂？答曰：是伊爾庫次克的必到景點。

就算攻略沒有將喀山聖母大教堂列為伊爾庫次克的必到景點，我也要去看看，因為，宗教是入門西方文學藝術的必經之路——可惜，我懂得太晚。

既然去教堂尋求的是認同感，做攻略的那位，何以要將喀山聖母大教堂作為伊爾庫次克的必到景點？因為有故事？比如像巴黎聖母院、科隆大教堂；因為建築舉世無雙？比如巴賽隆納的聖家堂大教堂、布拉格的聖維特主教座堂。

選擇俄羅斯作為旅遊目的地的遊客，一般會首選莫斯科和聖彼得堡。去過聖彼得堡的人跟著攻略去伊爾庫次克的喀山聖母大教堂時，會不會發問：為什麼又是喀山聖母大教堂？因為，我們被聖彼得堡涅瓦大街旁的喀山主教座堂震撼過。

原來，數個世紀以來，俄羅斯人將喀山聖女視為自己的保護神，故幾乎每座城市都會有喀山大教堂，教堂裡的喀山聖母像是俄羅斯東正教的最高聖像。伊爾庫次克的喀山聖母大教堂，在俄羅斯教堂

喀山聖母大教堂院子裡的冰雕

中的排位緊接著莫斯科紅場的聖瓦西里大教堂和聖
彼得堡的滴血救世主教堂，如果我們知曉當年修建
這座教堂的緣由，恐怕會感慨：上帝面前真的人人

平等。

　　19 世紀末，隨著亞歷山大三世頒布修建西伯利亞大鐵路的命令，遠東城市伊爾庫次克進入城市高速發展期，許多產業工人蜂擁而至這座蓬勃的城市，聚居在城市的東北部郊外。信奉東正教的俄羅斯人，每天早上必須做完禮拜後才能開始一天的生活。因為周邊沒有教堂，伊爾庫次克東北部郊外的工人每天早上不得不去市中心做完禮拜後再返回工地。想像一下吧！ 1880 年代和 1890 年代，作為公共交通的車子穿行在城市裡還有假以時日，對工人而言每天從工地到教堂的一次折返，是多麼麻煩的一件大事？耳聞目睹，市政府決定在工人聚居區修建喀山聖母大教堂，1885 年動工，7 年以後完工。

　　64 號只是途經喀山聖母大教堂，想必，伊爾庫次克的人都知道，所有搭上這號公車的外國人一定是來觀賞喀山聖母大教堂的，在滿車人的催促下，我們下了車。四處張望，100 多年前的工人聚居區，過了 100 年好像還是工人聚居區，此地市容一副慘澹的景象，你看，像是大型批發市場的一群建築，櫥窗上落滿了塵土或被塗鴉得盡顯落魄，櫥窗裡面，則是破敗歪斜著的桌椅、櫃臺。喀山聖母大教堂呢？只要仰頭尋找，卓爾不群的建築就在不遠處。

　　真是一座漂亮的建築！磚紅色的主體、灰藍色的「洋蔥頭」，在伊爾庫次克冬日懶洋洋的陽光映照下，超凡脫俗。我們一步步地靠近教堂，院子裡還有為慶祝聖誕做的冰雕呢！

　　觀賞精巧的冰雕時，看見當地人忙著往教堂搬運瓶裝水，又看見當地人不停歇地進出教堂──我們遇到了東正教的重要日子。果然，教堂裡被擠得滿滿的，大門兩旁的瓶裝水堆成了牆，每個進入教堂的當地人首先都會去領一瓶水，為什麼？我們不敢造次，就想看看教堂的內部裝飾。可惜，人實在太多，教堂裡已經密不透風，而神父的布道，我們又聽不懂，就早早地撤了出來。據說，喀山聖母大教堂內部非常華麗，精美、神聖的聖像畫和聖人、聖徒壁畫令人眼花撩亂。若真是那樣，一座專門為工人修建的教堂，竟然華美至此，上帝面前真的人人平等。

　　上帝面前人人平等，在伊爾庫次克，才會有波蘭天主教堂，伊爾庫次克唯一的天主教堂。波蘭天主教堂，紅牆尖頂，有著顯而易見的哥德式建築風格。在絕大多數人信仰東正教的伊爾庫次克，怎麼會有天主教教堂？這要說到 100 多年前了。一群波蘭人越過國境走過寬廣的俄羅斯大地，長途跋涉幾千公里來到地處遠東的伊爾庫次克後，遠離家鄉的

苦澀、遠離親人的相思、遠離熟悉飲食的困厄，讓
這群波蘭人在異國他鄉難以安頓。怎麼辦？問上
帝，於是，他們就在伊爾庫次克第二座石頭建築
（第一座石頭建築是員警辦公室，沒有保留下來）救
世主大教堂的對面，修建了天主教堂，至於後人何
以稱呼它為波蘭人天主教堂，毋庸贅言。只是，近
100 年來蘇聯或俄羅斯與波蘭交惡如此，遠離莫斯
科 4,000 多公里的伊爾庫次克，卻讓波蘭人天主教
堂安然無恙地並肩在讓東正教教徒心生驕傲的救世
主大教堂旁，那是上帝的榮耀，你看，波蘭人天主
教堂的尖頂，離天空多麼近！

　　可能是因為剛開始修建石頭建築吧？建於 18
世紀的救世主大教堂並不大。但很有特色，鑲板、
浮雕、多層的花框等盡顯西伯利亞巴洛克式建築特
點。19 世紀初，教會用壁畫裝飾了教堂的內牆，其
中最大的一幅壁畫是〈耶穌聖像〉，透過壁畫來聆聽
上帝的聲音，這就是東正教。

　　波蘭天主教堂與救世主教堂離我們暫住的伊爾
庫特飯店不遠，雖然在伊爾庫次克逗留的時間不
長，這兩處教堂我去看過三次。第三次，大雪紛
飛，9 點鐘，天還沒有亮透，教堂周邊就有許多清
道夫在不停地工作，雖然剛剛掃淨的道路須臾就又
被新雪覆蓋。我看見某位女士已經快要走進救世主

波蘭人天主教堂 Irkustsk

教堂，又退了回來，從皮包裡摸出一塊巧克力，遞給身邊掃著積雪的老人，阿門。

救世主大教堂

那麼，主顯靈大教堂前一個人跌倒，那麼多人蜂擁而上攙扶他，又有什麼奇怪的？始建於 1693 年的主顯靈大教堂，位於列寧路上，這座伊爾庫次克第二古老的建築，經歷過 300 多年的風霜冰雪、血雨腥風，至今依然完好無損地矗立在那裡。那天，我們為列寧雕塑拍了數張照片後，過馬路來到主顯靈大教堂門前，他從教堂裡跌跌撞撞走了出來。還未摔倒，一群人圍了上去，片刻之間，救護車就到了。此刻，一天中最後一抹陽光讓教堂頂上的「洋蔥頭」越發耀眼。

伊爾庫次克共有人口 70 多萬，有 70 多座教堂，

平均每 1 萬人就有一座教堂，其中，絕大多數是東正教，東正教幾乎就是俄羅斯的國教，與俄羅斯的傳統文化有著千絲萬縷的關聯 —— 不懂一些東正教，何以理解聶赫留朵夫對瑪絲洛娃的懺悔？何以理解拉斯柯爾尼科夫舉起兇器時的猶豫？不懂一點東正教，何以理解柴可夫斯基音樂裡的悲愴？何以理解拉赫曼尼諾夫音樂裡的鄉愁？可惜，在我年少記憶裡最旺盛的時期，無緣結識這些需要強記的常識，而今，需要付出加倍的時間和精力去獲得。

花費了時間，我還是弄錯了茲納緬斯基修道院的位置，以致無法去那裡祭奠埋在那裡的十二月黨人和十二月黨人妻子，也沒能在 2004 年 11 月建成的俄羅斯沙皇時期白軍司令高爾察克上將的青銅雕像前，獻上一束鮮花。

主顯靈大教堂

官網

國家圖書館出版品預行編目資料

亡走在西伯利亞，偉大的靈魂徐徐而來：十二月
黨人流放邊地、白軍殘部向死求生，俄羅斯百年
記憶猶見，民族苦難的記憶未曾走遠 / 吳玫 著 .
-- 第一版 . -- 臺北市：崧燁文化事業有限公司，
2023.03
面；　公分
POD 版
ISBN 978-626-357-157-0(平裝)
1.CST: 旅遊文學 2.CST: 俄國
748.9　　112001014

亡走在西伯利亞，偉大的靈魂徐徐而來：十二
月黨人流放邊地、白軍殘部向死求生，俄羅斯
百年記憶猶見，民族苦難的記憶未曾走遠

臉書

作　　者：吳玫

攝　　影：孔燕

發 行 人：黃振庭

出 版 者：崧燁文化事業有限公司

發 行 者：崧燁文化事業有限公司

E-mail：sonbookservice@gmail.com

粉 絲 頁：https://www.facebook.com/sonbookss/

網　　址：https://sonbook.net/

地　　址：台北市中正區重慶南路一段六十一號八樓 815 室
Rm. 815, 8F., No.61, Sec. 1, Chongqing S. Rd., Zhongzheng Dist., Taipei City 100,
Taiwan

電　　話：(02)2370-3310　　傳　　真：(02) 2388-1990

印　　刷：京峯彩色印刷有限公司（京峰數位）

律師顧問：廣華律師事務所 張珮琦律師

定　　價：580 元

發行日期：2023 年 03 月第一版

◎本書以 POD 印製